売る力

心をつかむ仕事術

鈴木敏文

文春新書

939

売る力——心をつかむ仕事術◎目次

第3章 「ものを売る」とは「理解する」こと

第4章 「本気」の人にチャンスはやってくる

はじめに

「セブン-イレブン、いい気分。あいてて よかった!!」

セブン-イレブンの初期のテレビCMで、毎回流れた「あいててよかった」の文句を覚えている方も多いでしょう。このコピーはCMを制作する際、「コンビニをひと言で表現するとどうなりますか」と聞かれ、わたしが咄嗟に答えた言葉でした。

このコピーがCMで使われたのは、開業三年目の一九七六年から八二年で、日本人の生活時間が二十四時間化していくなかで、いつでも開いている便利さを訴え、特に若い世代の支持を得て、流行語にもなりました。咄嗟の思いつきとはいえ、コンビニエンスストアの特質はよく表していたように思います。

そこで、ふと思ったのですが、もし、『売る力』をひと言で表現するとどうなりますか」と聞かれたら、どう答えるか。「売る力」とは、売り手側から見れば、文字通り、モノを売る力です。しかし、裏返すと、お客様に「買ってよかった」「食べてよかった」「来てよかった」……と思ってもらえる力ではないでしょうか。

たとえば、何千万円もする住宅の販売でも、トップの成績を上げる営業マンは、お客様に「○○さんが担当でよかった」「○○さんから買ってよかった」と心の底から思ってもらえるような人だといわれます。

もし、あなたがあなたのお客様だったとして、「自分から買ってよかった」と思ってもらえる自信があったら、あなたはおそらく、ものすごく「売る力」があるにちがいありません。

反対に、お客様が「買ってみたい」「食べてみたい」「行ってみたい」と思っても、あとで「買わなければよかった」「食べなければよかった」「来なければよかった」……と後悔されたら、お客様は二度と現れないでしょう。

「売る力」とは、お客様から見て「買ってよかった」と思ってもらえる力である。

だから、売り手は常にお客様の求めるものをかなえる「顧客代理人」でなければならない。

そう考えると、わたしがセブン&アイ・ホールディングスという、売上高約九兆円の流通企業のトップでいられる理由も納得できるように思えます。実はわたしは、三十歳で総合スーパーのイトーヨーカ堂に転職して以来、店頭で販売を経験したこともなければ、レジ打ちをやったこともありません。グループのなかで、そんな人間はわたしぐらいでしょう。

正確にいえば、店頭に立ったことはあります。ただ、「お前が立っていると喧嘩を売っているみたいだ」といわれるくらい、役に立ちませんでした。その理由は、第1章の冒頭を読んでいただければおわかりになるでしょう。

そんなわたしでも、セブン‐イレブンを創業し、いまも流通企業の経営の舵取りを任されているのは、わたし自身、顧客としての心理を持っていて、すべてを「お客様の立場で」考えることができるからではないかと思うのです。

たとえば、わたしは毎日昼、セブン‐イレブンの弁当や惣菜類の新製品について役員試食を行いますが、休日も午前中スポーツジムで汗を流すと、帰る途中に自宅近くのセブン‐イレブンに寄って、弁当などを購入し、家で妻と一緒に食べます。もし、レベルが落ちていておいしくなければ、そこそこ売れている商品であっても、お客様に提供すべきでないと、即刻、店頭から撤去の指示を出します。北は北海道から南は九州まで、一万五千店を超えるすべての店頭から、本部の負担で二十分以内で撤去させます。

撤去すれば、何千万円もの膨大なロスが生まれます。「いま店頭に並んでいる分は仕方ないから、そのまま販売して、明日会社に出てから再検討の指示を出そう」と考えることもできます。それが普通でしょう。しかし、これは売り手の都合を優先した考え方です。いまこの時点で、その商品を食べて「買わなければよかった」と思われたお客様は、ほかの商品がどんなによくても、「セブン‐イレブンの弁当はしょせんこんなものか」と思うでしょう。たった一つの商品でも全体に波及する。これは、売り手の都合ではなく、「お客様の立場で」考えて初めて気づくことです。

お客様に「買ってよかった」「食べてよかった」「来てよかった」……と思ってもらえるよう、「お客様の立場で」あらゆる面から徹底して追求し、けっして妥協しない。それが全店平均日販約六十七万円と、他の大手チェーンを十二〜二十万円上回るセブン‐イレブンの「売る力」の強さになって表れているように思います。

読者のみなさんも、毎日必ず、なんらかの形で顧客になり、「買ってよかった」「食べてよかった」「来てよかった」……の経験をしているはずです。その逆の経験もあるでしょう。とすれば、「売る力」を高めていくにはどうすればいいのか、誰もがその「答え」を心のなかに潜在的に秘めているのです。ただ、売り手側に回ると、往々にしてそれを忘れてしまうのです。

売り手の視点とお客様の視点は、正反対です。たとえば、「完売」です。売り手は商品が完売すると自分たちには「売る力」があると思うでしょう。一方、完売後にやってきたお客様は、「なんで、もっと多めに用意しておかなかったのか」と売り手に不満を抱き、「買いに来なければよかった」と後悔し、この店は「売る力」が不十分だと思うはずです。販売の機会ロスが生じているのは確かなので、お客様の視点のほうが正しいと、わたしは思います。

実際、セブン-イレブンでは発注した商品が予想以上に早く売り切れて、店頭からなくなってしまうと、それは「完売した」ではなく、「欠品した」として、発注のミスと位置づけられ、同じミスが起きないように求められます。

モノあまりの買い手市場においては、「売る力」は、売り手側ではなく、買い手側を起点に考えなければならないのです。

消費が飽和し、簡単には売れない時代に、どうすれば、「買ってよかった」「食べてよかった」「来てよかった」……「だからこれからも利用しよう」とお客様に思ってもらえるか。どうすれば「売る力」を高く維持することができるのか。この本は、お客様の視点から、その条件を探ろうとするものです。

たとえば、最近もわたしたちのグループである大ヒット商品が生まれたとき、わたしは「販売にもっと力を入れるように」ではなく、「すぐこの商品のリニューアル版の開発に着手するように」と指示しました。その理由も本書で明らかにしていきます。

あるいは、流通のプライベートブランド（PB）は、メーカーのナショナルブランド（NB）より、「手ごろな価格」であることが一般的ですが、わたしは人気専門店と同等以上の品質で、NB商品より価格も高いPBの開発を発案し、ヒットに結びつけました。そのヒットの本質も本書で示したいと思います。

あるいは、セールを打つときには、どんな発想が必要なのか、その秘訣もお伝えするつもりです。わたし自身どのように必要な情報を収集しているか、その方法もお教えできればと思っています。

ところで、ちょっと前、お客様の視点の大切さを改めて実感する経験をしました。わたしはセブン&アイ・ホールディングスが年四回発行している広報誌『四季報』の巻頭で、毎回、ゲストをお招きして対談をさせていただいています。「2013 AUTUMN」の号では、当時、デビュー作『永遠の0《ゼロ》』が二百五十万部、最新作『海賊とよばれた男』が百四十万部と、ベストセラーを連発されている作家の百田尚樹さんにご登場願いました。

百田さんのお話のなかで、いちばん印象的だったのは、『海賊とよばれた男』が、全国の書店員の投票をもとにした「本屋大賞」に選ばれ、「他のどんな文学賞をいただくより名誉なことだと思っています」と語られたことでした。

書店に勤められている方には、読書好きが多くいます。本屋大賞が他の文学賞と異なるのは、読書好きの書店員の方たち自身が、読者の立場で読んで「面白かった」「読んでよかった」、だから、「たくさんの人に読んでほしい」と思って一票を投じるという「お客様の立場で」選ぶ文学賞であることです。百田さんが、他のどんな権威ある賞より、本屋大賞受賞を「もっとも名誉なことだ」と語られたことは、いまという時代を象徴しているように思います。

わたしは『四季報』誌上で、過去二十年ほどの間に八十人以上の各界の著名人と対談させていただきました。本書では、この五〜六年の間にお会いしたなかから、「売る力」についての独自のお考えをお持ちの方々にも随時、ご登場いただき、伺った貴重な考えや体験談も紹介させていただこうと思っています。次のような各界の第一線で活躍されている方々です。

秋元康さん（作詞家・プロデューサー）、佐藤可士和さん（アートディレクター）、見城徹さん（幻冬舎社長）、牛窪恵さん（世代・トレンド評論家）、鎌田由美子さん（ＪＲ東日本の「エキュート」の立ち上げ人）、髙島郁夫さん（『Ｆｒａｎｃｆｒａｎｃ』の経営母体バルス社長）、小菅正夫さん（前旭山動物園園長）、楠木建さん（『ストーリーとしての競争戦略』の著者・経営学者）……等々（順不同）。

ご登場いただいた方々には、この場を借りて、厚く御礼を申し上げます。

わたしが、最初に就職した出版取次のトーハンからイトーヨーカ堂へ転職し、流通業界に入ったのは一九六三年、そして、社内外の猛反対をおしてセブン‐イレブンを創業したのは一九七三年のことでした。それからちょうど五十年目、四十年目の年に「売る力」をテーマにした本を出させていただくことに不思議なめぐり合わせを感じます。

読者の視点から、できるだけわかりやすく、数多くの事例や経験談を交えながら書き進めました。一読後、「読んでよかった」「買ってよかった」と思っていただけたら、わたし自身、「書いてよかった」と思えて、身にあまる幸せです。

二〇一三年秋

鈴木敏文

第1章　「新しいもの」は、どう生み出すのか？

1　ビートたけしさんの「笑い」との共通点

意外と思われるかもしれませんが、わたしは小学生のころは極度のあがり症で、人見知りも激しい子供でした。家では本をすらすら読めるのに、学校で先生から急にあてられると頭のなかがまっ白になり、うまく読めない。答えはわかっていても引っ込み思案でみんなのあとからおずおず手をあげる。そんな子供でした。

自分のあがり症が歯がゆくて仕方ない。中学に入って、この性格を何とか変えようと弁論部に入ります。それからは、少しずつ人前で話すことにも慣れていき、高校時代には生徒会長にも推挙されるようになりました。ただ、根本的な性格はなかなか直らず、いまでも初対面の人と一対一で話すことは得意ではありません。特に雑談が苦手で、三十分も話していているとネタが切れ、何を話していいかわからなくなるときがあります。

そんなわたしが、セブン&アイ・ホールディングスで年四回発行する広報誌『四季報』の巻頭で毎回、各界で活躍される著名人と対談を行い、ホスト役をこなすようになって二十年あまり経ちます。これまで八十人以上の方と対談させていただいて、多くの発見をさせていただきました。

雑談は得意でなくても、対談ができるのは、自分の考えを相手にぶつけることができるからだと思います。ゲストの話を聞いて共感するところがあれば、自分の考えをぶつけてみます。すると、向こうからまた反応が返ってきます。そのやりとりのなかから、想定していなかった話題が出てくることもけっこうあります。

アイドルグループＡＫＢ48の総合プロデューサーとして手腕を発揮されている秋元康さんと対談させていただいたときもそうでした。秋元さんといえば、数々の名曲の作詞を手がけ、社会現象ともいえるブームをいくつも巻き起こし、時代の最先端を走り続ける才能豊かなクリエーターです。

秋元さんには、わたしたちのグループが行う各種のキャンペーンにもたびたびご協力いただきました。バレンタインデー商戦では、『告白』から『感謝』へ」という、いままでにない切り口がお客様の心に響き、大きな成果をあげることができました。母の日のプロモーションでは、「ありがとうを声に出そう。」をテーマに、母と娘がいっしょに楽しむという、かつてない新しいコンセプトをご提案いただき、こちらも大反響を呼びました。

ＡＫＢ48は、わたしたちのグループでインターネットショッピングを手がけるセブンネットショッピングでもオフィシャルショップをオープンしています。セブン-イレブンでもたびたびコラボ企画を展開し、大好評を博しています。

こうした仕事上のご縁で、対談にもご登場いただきました。激しく変化し続ける社会のなかで、秋元さんはどのようにして、人の心をとらえる「提案」を送り出しているのか。秋元さんの考える、人の心に響く「新しさ」とはどのようなものか。「消費飽和」と呼ばれる時代を打ち破るための発想の秘訣を伺うのが、対談の主たるテーマでした。

わたしたちのグループは、「変化への対応」と「基本の徹底」という二本柱のスローガンを掲げています。秋元さんはこのことをご存知で、ご自身も、「変化に合わせてこちらの対応を変えていかないと、勝てないと考えている」と、プロデューサーとしても変化対応が大切であるという話題から対談は始まりました。秋元さんは世のなかが常に変化していることを、次のようなご自身の身近な例をあげて話されました。

「消費ということでは、いまの若い人たちと、ぼくのような五十代ではまったく感覚が違います。たとえば、十一歳離れたぼくと妻とでは、モノを所有するという観念が全然違います。もちろん、非常時にはそうしたことはできませんが、たとえば、ぼくは電球やトイレットペーパーなどの必需品は、予備を家に置いておきたいと考えます。しかし、妻は近くにコンビニがあるのだから、なくなったら買いに行けばいいという考え方です。また、音楽なども、ぼくたちの世代はLPアルバムを買い求めて、好きなアーティストの世界を楽しんでいました。ところがいまの若者は、ほしい曲だけをネットでダウンロードして楽しみます」

消費に対する価値観そのものがどんどん変化し、ご夫婦でも年齢が一回り近く違うと、価値観が変わる。だから、変化に対応する柔軟性が大切であると指摘されたうえで、秋元さんの口から飛び出したのは、お笑いの世界で、ビートたけしさんやとんねるず、ダウンタウンなど、もう何十年も第一線に立って人気を保ってきた人たちが「売れ続けてきた理由」でした。

「普遍的な笑い」は「視点」が面白い

秋元さんによれば、お笑いの世界でも、「普遍的な笑い」と「飽きられる笑い」があるといいます。その年の流行語になるような言葉を生み出しても、それに頼っていると、その言葉が飽きられたら終わりです。それが「飽きられる笑い」です。

一方、たけしさんなどは、そういう「飽きられる笑い」ではなく、いま話題になっていることを「ネタ」にして、それを自分の「視点」を通して、何か面白いことをいったり、やったりしてくれる。そのお笑いの「視点」が面白いので飽きられないというのです。

さらに興味深かったのは、変わらない「視点」と新しい「ネタ」との関係を、秋元さんが「漢方薬」と「抗生物質」にたとえて話されたことです。新しいものを生み出すときには、長い間処方して体質改善する「漢方薬」のように長期的に持続する姿勢、すなわち、変わらない「視点」を基盤としてもち、そのうえで、「抗生物質」のように即効性のある要素、つまり、新しい「ネタ」を取り込み、その結果としてヒットが生まれるのが理想だというのです。

秋元さんが作詞とプロデュースを手がけ、美空ひばりさんの遺作となった大ヒット曲『川の流れのように』はその典型だといいます。人の人生を川の流れにたとえる日本人特有の感性の世界を基盤にしながら、波瀾万丈の半生を送った美空ひばりさんが歌う人生の応援歌という即効性のある新しい要素を取り込んだ。結果、長年のファンからも、若い人たちにも支持される名曲になったというわけです。

聞くところでは、秋元さんがこの歌を作詞されたのは、ニューヨークに住んで一年ぐらい経ったころで、次第に望郷の念にかられ、「自分は何をやっているんだろう」と思いつつ、部屋の下を流れるイーストリバーを眺めていたとき、『川の流れのように』のタイトルと歌詞が浮かんだといいます。異境での体験が、既存の演歌とは異なる新しい要素をとり入れさせたのかもしれません。

変わらない「視点」と新しい「ネタ」が飽きられない「普遍的な笑い」を生み出す。「漢方薬」のような持続的な姿勢を基盤にもったうえで、「抗生物質」のような即効性のある要素を取り込んでヒット商品を生み出す。このような取り組み方は、ほかでもいろいろな分野で見られるように思います。

旭山動物園はなぜ、人気が続くのか

閉園の危機を克服し、日本有数の人気動物園へと「奇跡の変革」を実現した北海道の旭川市旭山動物園の前園長、小菅正夫さんとも同じく『四季報』で対談させていただいたことがあります。動物園や動物の世界でも、秋元さんが指摘されたのと同じ取り組みが行われていました。

旭山動物園もかつては、動物を檻に入れ、姿や形の違いを見せる従来ながらの「形態展示」を行っていました。ところが、一九八〇年代後半に閉園の危機に瀕したことから、小菅さんをリーダーとするスタッフたちは、「これから先、動物園はどうあるべきか」と、自分たちの「あるべき姿」を問い直します。

来園客が動物の命を感じるのは動物が自由な意思で動いている瞬間ではないだろうか。ならば、動物たちが自分の意思で動き、固有の能力を発揮できる環境をつくりたい。そう考え、「命を伝える動物園」というコンセプトを新たな基本姿勢にすえます。そして、動物本来の活き活きした動きを引き出して見せる「行動展示」と呼ばれる新しい展示法を独自に考え出し、その結果、来園客の圧倒的な支持を得ました。

この行動展示のアイデアが生まれた経緯については、後ほど詳しく紹介させていただくつもりですが、ここで着目したいのは、その後の取り組みです。動物たちの魅力を来園客に伝えていくには、「何よりも動物たちが楽しく一日を過ごせるようにすることが大切で、動物たちが退屈して寝ころんでいるようではいけない」と小菅さんはこう話されました。「動物たちが楽しく過ごしている間に一日が経ってしまう、そういう暮らし方をしている動物が見られれば、それがお客様にとっていちばんよいわけで、わたしたちはそれを目指して徹底して追求し、仕かけを考えています」

そして、より印象的だったのは、次の言葉でした。

「ところが、動物は一つの仕かけを楽しんでいても、すぐに飽きてしまうんです。それで、次々と新しい仕かけを考えていく必要があるのです」

動物が飽きて退屈するようになれば、来園客にも飽きられる。「命を伝える動物園」という変わらない「視点」や持続的な姿勢を基盤にもちながら、常に新しい「ネタ」や即効性のある要素を取り込んでいく。その努力が旭山動物園の「飽きられない動物園」としての人気を支えているというのです。

たとえば、サル山も、自然界と同様にエサは簡単に手に入らないよう随所に隠してあって、サルは全神経を集中して探し出そうとします。しかし、隠し方がいつも同じだとサルも飽きるし、来園客にも飽きられる。そこで隠し方をいつも工夫したりするわけです。動物の新しい展示も次々登場しているようです。

どんな高級料理も三日続けて食べれば、お茶漬けが食べたくなる

ここで、秋元康さんや旭山動物園の話を紹介したのは、「売る力」の基本の一つが凝縮されているからです。たとえば、食べものの場合、お客様は、おいしいものを出さないと買ってくれません。しかし、「おいしいもの」にはもう一つの裏返しの意味があって、それは、「飽きる」ということです。おいしければおいしいほど、それと同じくらい飽きる。

わたしは社員を前にして、よくこんなことを話します。君たちは、ぜいたくなとか、うらやましいとか思うかもしれないが、週に三、四日、続けて高級料亭に行かなければならないとき、いいのは最初の一日だけで、あとはお茶漬けかラーメンのほうがよくなる。どんなにおいしいものでも、続けて食べたら飽きていやになる。

実際、昔本社が千代田区三番町にあったころ、まわりに手ごろな飲食店がなく、役員たちは毎日昼食は、うなぎや寿司、料亭の仕出し弁当などを出前でとっていました。確かにおいしい。でも、最初はよくても続くと飽きる。おいしいものほど飽きるもんだということを、このときいやというほど体験しました。

わたしたちが提供する商品も同じです。最近も、セブン&アイ・ホールディングスのプライベートブランド（PB）である「セブンプレミアム」のワンランク上の高級版のブランド「セブンゴールド」のシリーズで、「金の食パン」を二〇一三年四月から発売しました。セブンプレミアムでも食パンを販売していますが、「もっとおいしい食パンをつくろう」とわたしが発案して開発した商品です。限定仕様のスペシャルブレンドの小麦粉を百パーセント使用し、麦芽エキスを加えて熟成を進め、北海道産の生クリームとカナダ産のハチミツを加えて甘味の奥行きを出しました。そして、手で丸めるという手間のかかる工程も入れた逸品で、甘味ともっちりとした食感が持ち味です。

値段は一斤六枚入りが二百五十円です。メーカーのナショナルブランド（ＮＢ）の食パンより五割以上、従来のＰＢ商品の二倍の値段にもかかわらず、おいしさが支持され、発売二週間で販売個数六十五万個を突破します。計画を五割上回る売り上げはその後も加速し、四カ月で実に一千五百万食を売る人気商品になりました。

ここで普通ならば、販売により力を入れるよう指示を出すでしょう。しかし、わたしは発売直後から別の指示を出しました。「すぐに次のリニューアル版の商品開発を始めるように」。金の食パンはおいしさが際立った商品です。だから、おいしいがゆえに飽きられる。飽きられてから次の商品を開発するのではなく、飽きられたときにすぐ次の商品を投入できるように、いまから研究に着手させたのです。

お客様のニーズに応えるには、本当においしくなければなりません。それは同時に、〝お客様が飽きる（ほどおいしい）商品〟をつくっていることになる。飽きられないものをつくるのが商売のように思われがちですが、それは本当のようなウソで、われわれの商売は、お客様が飽きる（ほどおいしい）商品を毎日毎日、これでもか、これでもかと供給し続けなければならない。そのような不合理なことを行うことにより、「飽きられない商品」を提供し続けられるようになるのです。

流行にしてもそうです。流行というものは、一定量まで出ないと流行になりません。どんな服も本当にわずかな人しか着ていなかったら、奇抜に思われるでしょう。しかし、流行になりそうだと知ると、人間には「みんなと同類でありたいという心理」があるので、似合おうが似合うまいがみんな追い始め、流行が生まれます。

その一方で、人間にはみんなと同類でありたいという心理とともに、そこからまた抜け出して、「自己差別化したいという自意識」もあります。そのため、流行が一定量になると飽きて、新しいものへと移行していきます。結果、流行は長続きしない。つまり、流行に乗って商売をするということは、お客様に飽きられるものを売っている、ないしは、お客様がその商品が飽きるような状況をつくり出しているわけです。その意識をもって、どこまで流行に乗るか、どこで新しい流行に切りかえるかを見きわめることで、常に「飽きられない商品」を提供できるのです。

このとき、大切なのはたけしさんなどの飽きられない「普遍的な笑い」がそうであるように、変わらない「視点」をもちながら、どのように新しい「ネタ」を生み出すかです。持続的な姿勢を基盤にもちながら、どのように即効性のある新しい要素を取り込んでヒット商品を生み出すかということです。

わたし自身、四十年前に創業したセブン−イレブンをはじめ、グループの各企業の経営において、一貫して追求してきたのは、その取り組みでした。だから、秋元さんの考え方に共感するのです。

どうすれば、お客様の求める新しいものを生み出せるのか。変わらない「視点」と、新しい「ネタ」、その両方について、どんな考え方をすればいいのか。わたしのこれまでの取り組みや出あった人々、対談させていただいた方々の活躍を例にあげながら、順にお話ししていきたいと思います。

2　「お腹がいっぱい」の人に何を食べさせるか

わたしは大学を卒業後、出版取次大手の東京出版販売、通称東販（現トーハン）に就職し、一九六三年に、三十歳で総合スーパーのイトーヨーカ堂へ転職しました。とはいっても、流通業を志したわけではありません。転職は初めはまったく別目的でした。

トーハン時代の二十代後半は弘報課に所属し、『新刊ニュース』という隔週刊のPR誌の編集を任されていました。『新刊ニュース』は当初、「本をたくさん買う読書家向けの冊子だから」と、新刊目録が中心でした。発行部数はわずか五千部と地味な存在でした。

わたしの仕事といえば、毎日出版される何十冊もの本に目を通し、内容を簡単にまとめて目録にすることでした。これを三年間続けました。新刊書を隅から隅までじっくり読む時間もなく、生来、面倒くさがり屋のわたしは自分なりの速読術を身につけました。まず目次を見て全体像をとらえます。そのうえで主だったところを拾い読みし、最後を読めば、だいたいの内容をつかむことができました。

どうせ仕事をするなら、発行部数を増やしたいと思っても、「これ以上、広告宣伝費はかけられない」と課長はその気がありませんでした。費用は書店とトーハンが折半し、実質無料配布されていたからです。

ならば、中身を面白くして、有料で販売してはどうだろう。読書家も本ばかり読んでいるわけではなく、ホッとした息抜きの冊子がほしいのではないだろうか。そう考えたわたしは、新刊目録の数を減らして、軽めの読み物を増やし、判型も従来の半分のコンパクトなB6判（週刊誌の半分のサイズ）に変えて、一冊二十円で販売する改革案を考えました。

わたしは企画から、編集、取材、原稿執筆、制作と何でもこなしましたから、学ぶことばかりでした。企画もできるだけ斬新なものを考えました。文豪谷崎潤一郎さんとお気に入りの女優淡路恵子さんの対談、東京大学在学中に芥川賞を受賞し新世代の作家といわれた大江健三郎さんと松竹の若手看板女優岡田茉莉子さんの異色対談、売れっ子作家の吉行淳之介さんから級友を聞き手にして引き出した秘話、新進SF作家星新一さんのショートショート……等々、リニューアル版はどの企画も好評で、発行部数を五千部から十三万部にまで、実に二十倍以上伸ばすことに成功したのです。二十九歳のときのことでした。

「本を売る会社のPR誌なのだから新刊目録をできるだけ多く入れるべきだ」「読書家向けには新刊目録が多いほうがよい」という以前の編集方針は、出版物が少なかった時代の過去の経験に縛られた考え方で、売り手が主体となった発想でした。

これに対し、わたしは「こんなに苦労してつくっているのだからもっと多くの人に読んでもらいたい」「寄稿してくれる作家の方々にも申し訳ない」という思いも強かった。そこで、どうすれば、より多くの人々に手にとってもらえるか、読み手の立場に立って考え、発想したのが誌面の改革案でした。

「売り手の立場で」考えるのではなく、すべてを「お客様の立場で」考える。『新刊ニュース』の改革は、わたしに発想の転換の大切さを強く植えつけたのです。わたしにとっての変わらない「視点」の基本、それは常に「お客様の立場で」考えることです。このことについては、これからも随時お話しします。

押し入れのなかに砂糖をため込んでいた女性客

それ以降、わたし自身が目で見、体験したマーケットの変化についてお話ししましょう。

リニューアル版の『新刊ニュース』の編集の仕事では、出版取次業の強みで、大作家や著名人にも版元を通せば会うことができました。それはトーハンという大看板が後ろにあるからで、自分の実力でも何でもありません。各分野で個人として活躍される人たちに会うたびに、「これでいいのだろうか」と自分の生き方に対して悶々とした思いがわき上がってきました。そんなとき、仕事を通じて知り合ったマスコミ関係の人たちといっしょに、テレビ番組を制作する独立プロダクションを設立する話がもちあがりました。

昭和三十年代の後半、西暦でいえば一九六〇年代前半で娯楽の主役は映画からテレビに移りつつあった時代です。自分の力を試してみよう。そう思い立って、スポンサーを探すことになり、打診したのが、その一年前、転職を考えて面接を受けたヨーカ堂でした。当時のわたしは総合スーパーという業種について何も知らず、一度訪ねたきり、そのままになっていました。

再訪して、担当幹部に独立プロダクションのことを話すと、「どうせならうちに来てやったらどうだ」と誘われて、すっかりその気になり、転職を決意しました。ところが、入社して担当幹部に話を切り出すと、「あれはいずれ将来の話だ」と手のひらを返されてしまいます。実はその気はなく、人がほしいだけでした。

しかし、親兄弟やトーハンの元上司の反対を押しきって転職した手前、「失敗したので辞めます」とは意地でもいえません。自分で決めた以上、自分で責任をもつ。わたしはヨーカ堂での仕事に全力を投入するようになります。

販売促進、人事、広報と、財務経理以外のほとんどすべての管理部門を兼務しました。管理部門ばかりを担当させられたのは、別の理由もあったかもしれません。

年末の繁忙期になると、管理部門の人間も店舗へ応援にかり出されました。ヨーカ堂千住店（現ザ・プライス千住店　東京・足立区）の紳士服売り場に応援に行ったときのことです。同じく応援組の元中古車販売会社社員だった仲間は、接客をするとどんどん売れるのに、わたしはあがり症で人見知りの性格が出てしまい、全然売れません。「お前が立っていると喧嘩を売っているみたいだ」といわれる始末でした。

以来、小売業にいながら、販売もレジ打ちの経験もしたことがありません。わたしたちのグループのなかで、販売の経験がないのはわたしぐらいでしょう。だから、逆に業界の既存の常識にとらわれず、次々と業務の改革に着手し、日本初の本格的なコンビニエンスストアチェーンを立ち上げることができたのですから、人の運命は不思議なものです。このことについては、後ほどまた触れることにします。

ともあれ、わたしは販促の机で仕事をしたら、次は人事の机へと移りと、遮二無二、仕事に取り組みました。そして、日本の消費社会がある時期から、大きく転換していくのを目のあたりにするのです。

販促の仕事では、売り出しの折り込みチラシをつくっていたため、配布される当日の朝は、店舗に出向き、客足を見るのが通例でした。当時、本部は台東区入谷にあったので、近くの千住店に毎週、足を運びました。来店客を見ていたら、売り出しのたびに毎回、来店され、目玉商品の砂糖をお買い求めになる中年の女性のお客様がいました。本当に毎週毎週、砂糖を買うのです。

何で砂糖をそんなに使うのだろうか。不思議に思い、その女性のお客様と同じ地区に住み、顔見知りだという社員がいたので、あるとき、聞きにやらせました。その社員の報告によれば、そのお客様の家の押し入れのなかは半分、砂糖の入った袋で埋まっていたといいます。理由を聞くと、自分は戦時中、砂糖の手に入らない時代を経験した。その記憶が残り、終戦から二十年近く経っても、つい習性で買いだめしてしまうということでした。

当時、経済は右肩上がりの高度成長期のまっただなかでした。消費者の側にあれがほしい、これが買いたいという旺盛な購買意欲があり、需要が供給を上回るモノ不足の時代が続いていました。とにかく、商品を棚に置けば売れました。

もちろん、戦時中と違って、砂糖もスーパーに行けば、買えます。それでも、売り出しになると砂糖を買いだめしていた女性のお客様の行動は、モノ不足の時代における消費者の旺盛な購買意欲を象徴していました。

売り手側が自分たちの都合で商品を提供すれば、お客様に買ってもらえましたし、売れないときも値段を下げて安くすれば売れました。まさに、売り手市場の時代でした。そのころは、特に「売る力」は必要なかったのかもしれません。

マクドナルド、カップヌードル、セブン‐イレブン登場

そんな日本の消費社会について、わたしが変化を感じるようになったのは、一九七〇年代前半、元号でいえば、昭和四十年代後半のことでした。それまで、スーパーの売り出しで、砂糖にしろ、醬油にしろ、塩にしろ、目玉商品にして並べるとみんなが買いに来て、開店と同時に売り切れたのに、そのころから売れ残るようになってきたのです。

一九七〇年代前半といえば、一九七一年にドル・ショック（米ニクソン政権によるドル紙幣と金との交換停止）により円相場が一ドル＝三百六十円から一ドル＝三百八円へと切り上げられ、一九七三年にはオイル・ショックにより原油価格が高騰します。翌年に初めて実質マイナス成長を経験し、高度成長が終焉して安定成長へと移行する時期でした。

このころから社会全体にモノが充足するようになり、モノ不足からモノあまりへ、売り手市場から買い手市場へと、時代が変わり始めます。それを象徴するように、お客様に対して新しい価値を提供する、これまでなかった新しい発想の商品やサービス、業態が次々登場します。

一九七一年七月、ハンバーガーチェーンのマクドナルド日本第一号店が東京・銀座の銀

座三越一階にオープンします。続いて、二カ月後の一九七一年九月、日清カップヌードルが発売されます。同じ東京・銀座の歩行者天国に特設売り場が登場し、歩きながら食べるという新しい食のスタイルを求める若者たちの長蛇の列ができ、銀座の一角をぐるりと取り巻きました。

そして、一九七四年五月、セブン-イレブンの第一号店が東京・豊洲にオープンします。それは既存の小型店とは、方向性が明らかに異なるものでした。

当時、行政は商店街の小型店について、製造業などと比べると労働の生産性が低い水準にあったため、「営業時間を夕方六時までに短縮」「日曜休業」といった指導を行い、それが生産性向上と従業員の確保につながるとしていました。しかし、それはお客様の都合を無視し、売り手側の都合に目を向けた指導で、売り手市場の時代の発想から一歩も抜け出ていませんでした。夕方六時閉店ではお客様の支持が得られるはずがなく、生産性が上がるわけがありませんでした。

一方、セブン-イレブンは創業当初は朝七時開店、夜十一時閉店でしたが、二年目の一九七五年からは、二十四時間営業を開始します。そして、品揃えについても、当初は試行錯誤の連続でしたが、徹底して売れ筋商品を絞り込み、お客様がほしいものをほしいときにほしいだけ提供するあり方をひたすら追求し始めます。

以来、四十年間、社会が買い手市場へとどんどん変化していくのと軌を一にするように、セブン-イレブンは、すべてを「お客様の立場で」考え、そこに行けば必ず、お客様が求めるような新しいものがあるという店舗づくりを続けてきました。

モノあまりとは、モノが豊富にあり、社会全体が裕福であるということです。そんな世のなかで、人は何を求めるのでしょうか。わたしはよくこんなたとえ話をします。テーブルにいろいろな料理が並んでいる。お腹が空いているときは、全部食べられるから、あまり好きでないものから食べ始めて、最後に好物をとっておこうと考えることもできる。これに対し、お腹がいっぱいのときは、好きなもの、そして、目新しいものを選んで食べようとする。いまはモノあまりで、お客様はお腹がいっぱいの状態にある。だから、新しい価値を提供できるものしか売れない。そうなると、いちばん重要なのは、お客様に新しい価値を感じてもらえるよう、いかに「お客様の立場で」考えることができるかであると。

たとえば、なぜ紳士用のワイシャツの販売が商売として成り立つのでしょうか。ビジネスマンなら、それなりの枚数をもっています。「いまはモノあまりの時代だからモノが売れない」「タンスのなかがいっぱいだからみんな買おうとしない」と学者や評論家はいいます。これはモノを量でとらえる考え方で、これにしたがえば、ワイシャツの商売など成り立つはずがありません。

しかし、ビジネスマンも新しい年がきて、新しいファッションのワイシャツが出ると買おうとします。新しさという質に価値を感じれば、買う。モノあまりだから、あわててモノを買う必要はないといいつつ、その一方で人々は常に新しいものを求めます。

それがいまの時代であり、だから、売り手の「売る力」が問われるようになっているのです。

3　「二匹目のドジョウ」は追わない

モノあまりの時代でも、お客様は新しいものを求める。それを裏返していえば、人のものまねをしても、「二匹目のドジョウ」はあまり売れないということです。

モノ不足の時代だったら、柳の下のドジョウが二匹も、三匹もいましたから、あの人があそこでドジョウをとったら、自分もそこでとってみようということがありえました。実際、二番手商法で儲かってきた有名企業もあります。しかし、いまは柳の下にドジョウが一匹いるかどうかの時代で、二番手商法はなかなか通用しなくなりました。「売る力」が問われ、ドジョウがどこにいるのか自分で探さなければならないのです。

この点に関して、前出の秋元さんも、「柳の下にドジョウは二匹いるかもしれないが、二匹目のドジョウは小ぶり」と、同様の考えを示されました。秋元さんはこう断言します。

『食べるラー油』が流行ると、その次に何がヒットするかを考えるとき、『生七味』とか似たような商品の枠のなかで考えてしまいます。しかし、そのなかには大ヒットするものは、もうないんです」

そこで、秋元さんはことあるごとに、こういういい方をされるそうです。

「ひまわりがブームになっているときには、たんぽぽの種をまこう」と。

わたしは芸能方面はあまり詳しくないのですが、AKB48は、秋葉原という芸能の世界では異色な場所を拠点に、「会いに行けるアイドル」というコンセプトで始まったそうです。いまや国民的アイドルグループとなったAKB48も、「ひまわりがブームになっているときのたんぽぽの種」の発想から生まれたとすると、とても興味深いところです。

「プラス思考」全盛のときに「マイナス思考」を提唱して大ヒット

柳の下の二匹目のドジョウは追わない。ひまわりがブームのときはたんぽぽの種をまく。大ヒットを飛ばした方々のお話を伺うと、共通しているのはやはり、ものまねをしないということです。

出版不況といわれるなか、小説、ビジネス書など、幅広い分野でミリオンセラー、ヒット作品を送り出し続けている出版社、幻冬舎を率いる見城徹さんもそうです。わたしたちのグループにもセブン&アイ出版という出版社があり、幻冬舎は同業他社でもあるのですが、見城さんには日本を代表する出版人の一人として、『四季報』で対談させていただいたことがあります。

そのとき、印象的だったのは二百七十万部の大ベストセラーとなった作家、五木寛之さんの随筆『大河の一滴』が誕生した経緯です。見城さんが五木さんと話しているとき、五木さんの口からこんな話題が出たそうです。

「いまはプラス思考ばかりが流行っているけれど、政治も経済も社会も先行きが不透明になっているときは、むしろ、マイナス思考がふさわしい」

そして、五木さんは、中国の戦国時代（紀元前五〜三世紀）の政治家、詩人である屈原《くつげん》の故事を例にこうお話しになりました。

「仕事はうまくいかない。友人は裏切る。病気からは誰も逃れられない。へんに我を通せば失敗する。こういう時代には、それを前提に流れのままに生きるしかない」と。

屈原は、大志もあり、能力も群を抜きながら、周囲の人間の讒言《ざんげん》（他人を陥れようと、事実を偽って悪しざまに告げ口をする）にあい、不遇の一生を送らざるを得なかった。見城さんはその話を聞いて、「それをぜひ書いてください」と依頼したといいます。

当時は一九九〇年代末で、金融機関の経営破綻が相次ぎ、社会に不安感が漂っていました。そんななか、プラス思考こそが心身にとって最高の薬になることを説いた『脳内革命』が大ベストセラーになるなど、プラス思考がもてはやされていました。

これに対し、『大河の一滴』は、「いまこそ、人生は苦しみと絶望の連続だと、あきらめることからはじめよう」「傷みや苦痛を敵視して闘うのはよそう。ブッダも親鸞も、究極のマイナス思考から出発したのだ」と説き、それが逆に読者の心に真の勇気と生きる希望を呼び覚ましました。二匹目のドジョウを追わず、ひまわりがブームのときにたんぽぽの種をまいて、大ベストセラーになったのです。

ＡとＡ′は違うようでお客様から見れば同じＡ

小売業でも同様です。「Ｆｒａｎｃｆｒａｎｃ（フランフラン）」といえば、「二十五歳の都会に住む一人暮らしの女性」をターゲットにし、二十〜三十代の女性たちから圧倒的な支持を集めるファッション性の高いインテリア、雑貨の専門店です。経営母体のバルスは、「ＶＡＬＵＥ ｂｙ ＤＥＳＩＧＮ（デザインによって新たな付加価値を創造する）」をスローガンに、新しいライフスタイルを提案し続けています。

その創業者で社長の髙島郁夫さんと対談させていただいたときも、脱・二匹目のドジョウの話題が出ました。「昨日の顧客が求めたものを明日の顧客に提供してはならない」とは、わたしの持論ですが、髙島さんもまさに同意見でした。

髙島さんは商品の改廃を行う際、商品開発担当にこう指示するといいます。

「現在のＡという商品をＡ′（Ａダッシュ）にする程度の開発は認めない。Ａを必ず、Ｂなり、Ｃなりにしていくような革新を続けていかなければ、お客様に飽きられてしまう」と。

わたしたちは、ヒットしているＡという商品を見ると、つい、Ａの延長上にあるようなＡ′を考えてしまいがちです。人間は、よい例を見ると、そのよさをとり入れようとする心理がどうしても働いてしまうからです。しかし、売り手から見るとＡとＡ′は違うように見えても、お客様から見れば、同じAなのです。Aではなく、BやCを考えなければならない。

実際、Ｆｒａｎｃｆｒａｎｃでは「定番」という考え方がなく、年間に三割は商品を入れ替えて、新陳代謝をはかるといいます。年間で七割が入れ替わるセブン-イレブンとは業種が異なるため、単純に比較はできませんが、常に新しい商品が提供されることも、人気の秘訣になっているのでしょう。

先ほど述べた金の食パンも、同じ食パンでも、既存の商品を多少改良した程度のA′の商品ではなく、明らかに異なるBという商品だからヒットしたのでしょう。

セブン-イレブンの場合、創業以来、他社のものまねは絶対しませんでした。わたしは一時、社員たちに「他店見学をしてはならない」と命じたこともあります。もちろん、他店を見るのは絶対いけないというわけではありません。単に「ものまねをするな」といっても、社員にはなかなか具体的な実感として伝わりません。そこで、「他店を見てはならない」という厳しいいい方をしていたのです。

セブン-イレブンの全店平均日販は約六十七万円と、他の大手チェーンを十二～二十万円も上回ります。見た目は同じコンビニでも、セブン-イレブンを支持してくださっているお客様がそれだけ多いということです。そこにはさまざまな要因が複合的に関係していますが、提供する商品やサービスの面でいえば、新しいドジョウを自分で探し、ひまわりがブームのときにたんぽぽの種をまき、A′ではないB、Cの商品を常に開発し続けてきたことが大きいように思います。

競争とは自己差別化です。社会が豊かになればなるほど、「売る力」として自己差別化が求められることを忘れてはなりません。

4　ココアとバターと文庫本、「予定調和」を壊す

秋元さんから聞いた「ココアとバターと文庫本」の話もとても印象的でした。新しいものを生み出すという意味のイノベーション（革新）には二つあって、一つはこれまで存在しなかった概念のものを生み出すことです。そして、もう一つは既存の概念のものに新しい意味をつけ加えて革新することです。セブン‐イレブンの創業は前者であり、金の食パンは後者でしょう。「ココアとバターと文庫本」の話も、新しいものといっても、すべて

がまったく新しいものである必要は必ずしもないという話のなかで出た例でした。

ヨーロッパでは、冬にはココアに少量のバターを入れる飲み方があり、よりコクが増しておいしくなるそうです。しかし、日本ではほとんど知られていません。そこで、「秋から冬の夜長には、ひとかけらのバターを入れた温かいココアを片手に文庫本を読もう」といった提案をしたら、いままでにない組み合わせを多くの人が新鮮に感じるのではないか。そういう提案の新しさも大切ではないかという話でした。

ココア自体は昔からある飲み物で別に目新しくはありません。バターも、文庫本もそうです。しかし、ココアにバターと文庫本が組み合わさり、結びつくことで新しい意味が生まれ、単なるA′ではない、Bという別の意味をもつようになる。

このような、これまでにない組み合わせや結びつきを提案したり、提供することを、秋元さんは「予定調和を壊す」と表現します。予定調和とはもともとは哲学用語で、「世界の秩序が保たれるのは神があらかじめうまく調和するように定めたからである」とする説だそうですが、転じて日本では、「誰もが予想する流れどおりにものごとが進み、結果も予想どおりである」という意味で使われるようです。

秋元さんによれば、ココアとバターと文庫本の組み合わせのように、どこでもある商品のように見えて、ほかとは違って「おや」と思わせることが予定調和を崩すことだといいます。ただし、あまりにも奇をてらったことをしても、予定調和を崩すことにはならないようで、たとえば、ハンバーガーにあんこをはさむといった奇抜なことをやっても、一時的には話題になっても、すぐ飽きられる。新しい提案のベースにも、変わらない「視点」が必要だというわけです。

「小売業の魅力の本質は、予定調和を崩す新しい提案が絶えずあって、『おや、今度はどんな新しい提案があるのだろうか』とワクワクして期待をもってもらうことではないでしょうか」という秋元さんの話は「売る力」の本質を見事にいいあてているように感じました。

コンビニの予定調和を壊したセブン‐イレブンの試み

予定調和を壊す。セブン‐イレブンの全店平均日販は二〇〇九年度は約六十二万円でしたが、二〇一二年度は約六十七万円と三年間で大きな伸びを示しました。これも、コンビニの予定調和を壊し、お客様に「おや、今度はどんな提案があるのだろうか」とワクワクして期待をもってもらえた成果ではないかと思います。

コンビニエンスストアは従来、若い食べ盛りの人たちをメインの客層として、弁当やおにぎりなど、即食性の高い商品を提供して、成長してきました。そのため、わたしたち日本人のなかに、「コンビニといえば、ああいう店だ」という固定したイメージができあっているところがありました。もし、その予定調和のままでいたら、店はマンネリ化し、おそらく、日販は伸び悩んでいたでしょう。

これに対し、セブン-イレブンは二〇〇九年秋から、「今の時代に求められる『近くて便利』」という新しいコンセプトを掲げて、品揃えの大幅な見直しに着手しました。惣菜メニューの種類を増やし、ポテトサラダや肉じゃがなど、上質で手ごろな価格の少量パックのセブンプレミアム・シリーズを順次開発し投入していきました。食事の手間や煩わしさへの解決策を提供する「ミールソリューション」の商品群を本格的に投入し、コンビニのあり方を大きく転換したのです。

それは、「コンビニで食事用の買い物をする」という新しい提案を意味しました。

成果は一年半後に数字となって表れました。翌二〇一〇年度のセブン-イレブンの既存店売上高は、消費不況下で、他チェーンが前年並みか前年割れをするなかで、前年を上回る実績を上げたのです。数字を押し上げたのは、主に高齢者や四十歳以上の女性のお客様の増加でした。

男女別客数の前年比を見ると、男性客は総じて前年並みだったのに対し、女性客は毎月百五〜百十パーセントで推移。「コンビニで食事用の買い物をする」という新しい提案が女性のお客様に伝わったことを意味しました。

以降も業績は伸び続け、二〇一二年度は大手コンビニチェーンのなかでセブン-イレブンだけが既存店売上高伸び率でプラスの成績を残しています。

セブン-イレブンの変わらない「視点」と新しい「ネタ」

コンビニの予定調和を崩した品揃えの大幅な見直しの背景には、一つにはマーケットの大きな変化がありました。二〇〇〇年代半ば、セブン-イレブンをはじめ、コンビニ各社の既存店売上高が前年割れを続けた時期がありました。マスコミは繰り返し、「コンビニ業界市場飽和説」を唱えました。同業他社のトップの口からも、「国内のコンビニは市場飽和だから、これからは海外進出」といった声が聞かれました。

これに対し、わたしは一貫して、「マーケットはいま大きく変化している。変化に対応していく限り、市場飽和はありえない。逆にコンビニこそこれからいちばん伸びていかなければならない」と訴え続けました。

コンビニ業界の実態を知ろうと思ったら、本当に目を向けるべきは、日本の消費市場の構造そのものがいま大きく変わってきている現実でした。なかでもいちばん大きいのは少子高齢化の進展です。総人口が減少し、急速に少子高齢化が進んで若年層の人口が減ってくると、コンビニエンスストアのように狭い商圏で商売している業態はその影響をダイレクトに受けます。

二〇〇九年当時、セブン-イレブンの来店客の年齢構成も過去十年間で劇的に変わっていました。一九九九年に、いちばん多い年齢層は二十代で三十五パーセントを占め、五十歳以上は十四パーセントでいちばん少なかったのが、二〇〇九年には、五十歳以上が二十八パーセントと倍増していちばん多くなり、二十代は二十二パーセントと三分の二に下がっていました。

一方、少子高齢化や非婚化を背景に単身世帯は逆に増えていました。今後も一世帯あたりの人数はどんどん減っていくと予想されています。推計によると、夫婦と子供からなる世帯が全体に占める割合は二〇一〇年には約二十八パーセントだったのが、二十年後には約二十四パーセントへと減少し、単身世帯は逆に約三十二パーセントから約三十七パーセントへ増加するようです。そのころには、六十五歳以上の高齢者世帯が全体の四十パーセント近くを占め、その三分の二以上が単身か夫婦のみの世帯になると想定されます。

また、女性の就業率は年々高まり、すでに六十パーセントを超えています。

とすると、スーパーマーケットまで行かなくても、家の近くのコンビニでほしい商品がほしい分量だけ手に入れば、そこで買い物をすませようと考えるのは自然の流れではないか。そう考え、コンビニの予定調和を壊し、「コンビニ」と「食事用の買い物」を結びつけて、新しい店づくりに挑戦したのです。

その後、「市場飽和」を唱えていた他のチェーンも追随して同じ路線をとるようになり、コンビニ業界全体の業績も上向き、「コンビニ復活」と呼ばれるようになります。

コンビニエンスストアという言葉はもともと、「便利な店」という意味です。日本初の本格的なコンビニチェーンであるセブン‐イレブンは、初期のテレビＣＭの「あいててよかった!!」のコピーどおり、日本人の生活時間が広がっていくなかで、近くにあっていつでも開いている利便性を提供しました。

それから三十年以上経ってから、また、「近くて便利」というコンセプトを掲げた根底には、セブン‐イレブンとしての変わらない「視点」がありました。

既存店売上高の前年割れが続いたのは、「コンビニとはこういうものだ」という予定調和に陥り、年齢層が上がったお客様にとっての利便性というニーズに十分には応えていないことを意味しました。そこで、予定調和を壊して、品揃えの大幅な見直しに挑戦し、常に「お客様の立場で」考えて、お客様も意識していない潜在的なニーズに応えるという、変わらない「視点」を改めて確認しました。

同時に、コンビニエンスを改めて「近くて便利」といい換えることで、「セブン-イレブンでまた何か新しい提案が始まるのではないか」という「おや」の感覚をお客様にもってもらうという思いもありました。こうして変わらない「視点」をもちながら、新しい「ネタ」で店舗のあり方を進化させる。それが「近くて便利」というコンセプトのもとで進めた品揃えの改革でした。

「おや」を見つけるには「気づき」が大切

予定調和を壊し、お客様に「おや」と感じてもらえるような新しい提案をし続ける。秋元さんによれば、「おや」という感覚を提供するには、提案する側自身が日常生活のなかで「おや」と思うような「気づき」をもつことが重要だといいます。

ただ、みんなが同じ方向で考えていては、「気づき」はなかなか生まれません。秋元さんが一つの方法としてあげたのは、遊軍のような存在を設けることでした。企業は本来、一つの目的に向かっていく集団ですが、社内のみんなとは別の方向を向いて、「おや」と思うようなことに気づき、探してくる遊軍です。

セブン‐イレブンの本部では、いま、ある特命部隊が活動を始めています。

「未来のコンビニ像を模索せよ」

それが社内に設けた「ストア・イノベーションチーム」に対して、わたしが与えたミッションでした。

二十代から四十代前半の若手と中堅数名からなる専従チームは、ありとあらゆる現場に足を運びます。まさしく遊軍です。たとえば、住宅設備機器の展示会といった、一見、コンビニ経営とは無関係に思える場にも出かけ、未来の食卓の様子をイメージする。いわば、ココアにとってのバターや文庫本のような場にも出かける。そして、多くの「おや」と思うような「気づき」を得て、そこから、未来のコンビニ像を模索するのです。

新しいものを生み出すには苦しむことになるかもしれませんが、チームには勝手に苦しませ、勝手にものをつくらせる。失敗してもかまわない。会社の幹部たちにも、「君たち、何かいいたいことがあっても、絶対いっちゃいけないよ」と厳命しています。

彼らに求めるのは、過去の経験にとらわれず、挑戦することです。もしかすると、いまのコンビニとはかなり異なる業態が生まれるかもしれません。四十年前にセブン‐イレブンを創業したとき、「コンビニで食事用の買い物をする」など想像もできなかったように、十年後、二十年後のコンビニは姿を変えているかもしれません。お客様に「おや」という感覚を提供し続ける限り、飽きられることはなく、飽和することもありません。

ココアを売るとき、ココアだけを見ていても、なんの「おや」も「気づき」もありません。予定調和に陥りそうになったら、「ココアとバターと文庫本」の組み合わせを思い浮かべてみることです。

5 「四割」のお客様に目を向けるべき

「ココアとバターと文庫本」の話は、それぞれは別に目新しくはなくても、組み合わせや結びつきによって、いままでにない新しさという価値を生み出す発想法です。予定調和を壊す発想法について、別の視点から見てみましょう。最初に一つのわかりやすい例を紹介します。

フラワーショップのチェーン「青山フラワーマーケット」をご存知の方も多いでしょう。エキナカや百貨店のなかなどに次々と店舗を展開し、フラワービジネスの世界に新風を起こして人気を博し、急成長しています。経営母体のパーク・コーポレーションを二十五歳で起業した社長の井上英明さんと対談させていただいたとき、創業当初の話を伺ったことがあります。設立の経緯をなぞると、青山フラワーマーケットも、フラワーショップの予定調和を壊したことで、お客様が「おや」と感じ、「新しい提案」にワクワクし、一気に注目を集めるようになったことがわかります。

井上さんは、大学卒業後、アメリカで短期間働いてから帰国して起業を思い立ち、子供のころから身近な存在だった花に着目して、最初は無店舗完全予約制で花の注文に応える事業を立案しました。花の市場に行って、卸売価格と小売価格に大きな隔たりがあることに驚き、販売方法を工夫すれば、従来の販売価格よりずっと低価格で花を販売できると考え、最初は、花そのものを手ごろな価格で提供するところからスタートします。

ただ、低価格で販売するというモデル自体は、けっして新しくはありません。実際、その後、大手流通業が参入するようになります。何か付加価値がないと競争力がなくなると考えた井上さんは、次に花のアレンジなどの技能をもった人を集めて、イベントやパーティーなどに生け花を生け込む仕事を手がけるようになりました。

そこで、イベントなどで使う花と、日常的に家庭で飾るために売られている花とではまったく違うことに気づきます。もし、イベントなどで使うおしゃれな花を普段使いに提案したら、お客様に喜んでもらえるのではないか。そう思いつき、イベント的なおしゃれさと日常的なプライベートの普段使いの両方を結びつけたフラワーショップの展開を始めました。

イベントで使うようなおしゃれな花を家庭用に販売し、それを従来よりもずっとリーズナブルな価格で提供する。そのモデルは、花の販売にまつわる予定調和を壊す、かつてない新しい試みでした。新鮮な提案を受けたお客様は購買意欲を刺激され、ここに新しい市場が生まれました。

青山フラワーマーケットの発想のユニークさは、イベント用の花と家庭用の花という、従来は結びつかなかったもの同士を結びつけたことです。このことを視点を変えて見てみましょう。着目したいのは、家庭用に販売する花について、「上質さ」と「手軽さ」という二つの軸で考えたとき、イベントで使うようなおしゃれな花という「上質さ」と、従来よりずっとリーズナブルな価格という「手軽さ」を両立させたことです。

「上質さ」と「手軽さ」は、一般的にはトレードオフの関係にあります。トレードオフというと「二者択一」と訳され、白か黒か、どちらか一方をとり、もう一方は切り捨てるというとらえ方が多いようですが、顧客のニーズに応えようとするとき、これは正しい理解ではありません。

お客様は「上質さ」だけでも満足しないし、「手軽さ」だけでも満足しません。「上質さ」か、「手軽さ」かのトレードオフにおいて、「手軽さ」なら手軽一辺倒ではなく、どれだけ「上質さ」をちりばめるか、逆に「上質さ」なら上質一辺倒ではなく、そのなかにどれだけ「手軽さ」をちりばめるか、そこに価値が生まれるのです。

ポイントは「上質さ」と「手軽さ」という、タテとヨコ、二つの座標軸で市場をとらえたとき、競合他社も進出していなければ、誰も手をつけていない「空白地帯」を見つけ、自己差別化をすることです。青山フラワーマーケットは、家庭用に販売する花について、イベントで使うようなおしゃれな花という「上質さ」のなかに、従来よりずっとリーズナブルな価格という「手軽さ」をちりばめることで、手つかずの空白地帯を見つけ出し、これまでになかった新しい価値を生み出しました。その着眼が見事です。

その空白地帯は、お客様から見れば、まさに自分たちも気づかなかった潜在的ニーズの真芯をつかれたような、いわば、スイートスポットのゾーンだったわけです。

井上さんは、花の販売について、もともとは素人で、ゼロから出発しています。もし、井上さんが花の販売の世界や流通業界にいた玄人であったら、高級感を競う「上質さ競争」や、低価格を競う「手軽さ競争」を繰り広げたかもしれません。二十五歳で花の販売に入った素人であったから、過去の経験に縛られて予定調和に陥ることなく、手つかずの空白地帯を見つけることができました。「素人の強さ」については、あとでまた述べたいと思います。

セブンプレミアムも手つかずの空白地帯を見つけてヒットした

競合相手が進出していない「上質さ」と「手軽さ」の空白地帯を見つけ、新しい価値を提供する。世のなかのヒット商品を見ると、手つかずの空白地帯に投入しているケースが多く見られます。

たとえば、わたしたちのグループのＰＢであるセブンプレミアムです。二〇一二年度は千七百品目を発売し、単品あたりの売上高は約三億円と、競合他社のＰＢを三倍近く引き離す販売力の強さを示しています。単品で年間売上高が十億円を超えるアイテムが九十二品目にのぼり、流通のＰＢ商品では他に類を見ない売れ行きです。このヒットも、手つかずの空白地帯を見つけ出したことによるものでした。

流通のＰＢ商品といえば、従来は、「メーカーのナショナルブランド（ＮＢ）より安い商品」という位置づけが一般的でした。つまり、価格の「手軽さ」を追求する路線です。これに対し、わたしは自社のＰＢ商品については、低価格優先ではなく、「上質さ」を追求し、さらに、グループ内のコンビニでも、スーパーでも、百貨店でも、同じ値段で販売するよう指示を出しました。社内からは、「お客様は低価格のＰＢ商品を求めている」として否定的な声もありました。それでは予定調和のままで、お客様に新しい価値を提供できません。

全グループで同じ価格で販売する試みに対しても、グループの各社から反対の声があがりました。コンビニ側は、メーカーの希望小売価格より原則的に値を下げて売るスーパーと同じ商品を同じ価格で置くわけにはいかないといい、スーパー側は反対に、コンビニと同じ価格の商品を扱うわけにはいかないといい、百貨店側は、スーパーやコンビニが扱う商品を百貨店が扱うわけにはいかないといいました。反対論はいずれも、過去の経験にとらわれた発想でした。

一方、「お客様の立場で」考えるとどうなるでしょうか。お客様はセブンプレミアムの商品について、「これは二百円を出して買うだけの価値がある」と思えば、セブン-イレブンでも、ヨーカ堂の店舗でも、百貨店の西武やそごうでも買います。「どこでも同じ値段だから買うのはよそう」などとは思いません。

重要なのは、自分たちの固定観念を否定し、ヨーカ堂だろうと、セブン-イレブンだろうと、西武やそごうだろうと、同じ値段で販売してもお客様に価値を感じて買ってもらえるような、これまでにない商品を開発していくことではないか、と説いて推進したのです。

そして、従来は自社のNB商品があるため、流通企業のPB商品は製造しなかった大手メーカーを説得し、チームを組んで次々と「上質さ」を追求した商品を開発していきました。PB商品は企画から製造、販売まで一貫して行うため、広告宣伝費や販売経費がおさえられる、販売量に応じて生産し無駄が省ける……等々、コストが抑制されるため、値段的にも「手軽さ」を実現できます。また、製造元を明かさないPBが多いなかで、セブンプレミアムは製造元を明記し、安全安心を重視するお客様の要望にも応えました。

こうして流通のＰＢ商品一般が価格面での「手軽さ」に傾倒するのに対し、ＮＢ商品と同等以上の「上質さ」を実現しながら、価格面の「手軽さ」をちりばめ、ＰＢ商品の空白地帯に投入したセブンプレミアムはコンビニ、スーパー、百貨店のどの業種、どの店舗でも大ヒット商品になったのです。

さらに、本格的な味を求め、専門店と同等以上の品質を手ごろな値段で提供するワンランク上のセブンゴールドのシリーズも、より「上質さ」を高めて、新たな空白地帯を開拓し、ヒット商品になりました。セブンゴールドは、金の食パンのように、一般的なＮＢ商品より価格が上です。それでも、「上質さ」をきわめたことで、食パン市場の空白地帯を掘り起こすことができたのです。

お客様の「六割」より「四割」に目を向けるべし

「上質さ」と「手軽さ」の二つの座標軸において、低価格優先で「手軽さ」を追求しようとする人たちも当然います。そのゾーンにも市場はあり、お客様もいます。仮に、商品の価格の低さを重視するお客様と、質に価値を感じるお客様がいて、その割合が六対四だったとします。どちらをターゲットにすべきでしょうか。

「上質さ」を追求するより、低価格優先の「手軽さ」が売りの商品をつくるほうが容易です。六割のお客様がそれを求めているとすれば、売り手の大半はそちらを選ぶでしょう。ただ、その結果、六割のお客様に対し、売り手の九割が商品を供給すると、たちまち飽和状態になり、価格競争に陥ります。現に、「手軽さ」を優先するゾーンはその傾向にあります。PB商品でも、低価格優先のものは売れ残ると値下げをして販売したりします。

一方、質を求める四割のお客様に対し、売り手の一割がそのニーズに応えたら、ほとんど無競争状態で圧倒的な支持が得られます。セブンプレミアムがPB商品としては他に類を見ない売れ行きを示しているのは、それを物語るのではないでしょうか。

参入が容易で誰もがねらう六割のお客様に目を奪われず、空白地帯にいる四割のお客様のニーズに確実に応えることで大きな成果を得る。市場の大小に目を奪われるか、自己差別化で勝ち残る道を見いだすか、違いがここにあるのです。

「コンビニでここまでやるのか」と専門家は驚いた

コンビニ市場を「上質さ」と「手軽さ」の二つの座標軸でとらえたとき、セブン-イレブン自体、一般的なコンビニとは明らかに異なるゾーンを目指してきました。それが全店平均日販で十二万円以上の差をもたらす一つの要因になっています。

セブン-イレブンはコンビニエンスストアである以上、基本的には「手軽さ」を追求しています。しかし、それだけではお客様に独自の価値を感じてもらえません。食べものであれば、「コンビニでここまでやるのか」と専門家に驚かれるほど、ぎりぎりまで「上質さ」を追求します。

たとえば、代表的な商品の一つであるおでんも、つゆのだしをとるためのかつお節づくりからこだわります。まず、濁りのない透明感のあるだしが出る脂肪分の少ないカツオを赤道付近の漁場を指定して漁獲します。冷凍すると、解凍時にドリップ（浸出液）が出てうまみが抜けるため、冷凍せずに、漁場近くの加工工場へ運び、うまみ成分がピークを迎える一〜二日後に素早く加工します。

いぶしながら乾燥させる焙乾の工程も、手間がかかっても昔ながらのやり方にこだわり、「手火山《てびやま》式」と「焚納屋《たきなや》式」という二段階の焙乾を行います。手火山式では、せいろに並べたカツオの位置や積み重ねたせいろの段を変えて、まんべんなく素早く乾燥させて一気にうまみをとじ込めます。そして、焚納屋式で丁寧にいぶしてじっくり仕上げ、かつお節本来の香りとうまみをさらに引き出します。そのこだわり方は、かつお節製造業者から、

「コンビニがここまでやるのか」と驚かれたほどです。

さらにだしを抽出するときも、風味が強く力強いだしが出る荒節と、すっきりしただしが出る貴重な枯節（表面にカビづけすることでうまみ成分を引き出したかつお節）をバランスよくブレンドして使います。

弁当でも、たとえば、肉の炭火焼き弁当をつくるのに、コンビニ業界では、中国で炭火焼きした肉を冷凍輸入する方法や、脂が炭火で焼けたにおいを香料でつけるといった方法がとられていたときに、三年がかりで、炭の研究から始めて本格的な自動炭火焼き機を完成させました。

二〇一三年一月から各店舗に導入を始め、七月には累計販売数が一億杯を突破した淹れ立てコーヒー「セブンカフェ」もそうです。セルフ式ドリップコーヒーでレギュラーサイズ（百五十ミリリットル）が一杯百円という「手軽さ」のなかに、徹底して「上質さ」をちりばめました。

コーヒー豆は各国で収穫されたなかでもハイグレードなものだけを厳選し、コーヒー鑑定士の風味確認を経た素材を使用します。焙煎もコーヒーの甘味をより引き出すため、二段階の温度で二工程かけて煎り上げるダブル焙煎を行い、その豆を、各店舗にチルド温度帯(十度以下)で配送して焙煎直後の品質を維持します。水は抽出に最適な軟水を使い、一杯ごとに挽きたてをペーパードリップします。

デザインにも力を入れ、独自開発した専用サーバーも、ロゴも、日本でもっとも活躍するアートディレクターの一人で、セブン‐イレブンのデザインのトータルプロデュースを担当していただいている佐藤可士和さんにお願いしました。佐藤さんは「コーヒーを楽しむ日常の時間をより上質にしていきたいという思いで取り組みました」と話しています。

こうして「手軽さ」のなかにも「上質さ」を徹底して追求したセブンカフェは、コーヒーショップとも、ファストフード店とも異なる「コンビニで買って持ち帰る」というコーヒー市場の空白地帯の掘り起こしをねらったものでした。結果は、「いままでにない上質なコーヒー」として支持され、通勤客の多いオフィス街だけでなく、住宅地の店舗でも三十~五十代の主婦やシニア層が購入するなど、新しいニーズも掘り起こしました。

リピート購入率は五十五パーセント以上と、セブン‐イレブンで販売する食品のなかでももっとも高く、購入者の約半数を女性が占めます。従来、缶コーヒーの購入者のうち、女性の占める割合は約三割でしたから、セブンカフェはまさに市場の空白地帯を掘り当てたことになります。

計画を四十パーセント上回る売れ行きを見せ、初年度の年間販売目標も三億杯から四億五千万杯に上方修正しました。これは大手ファストフード店のコーヒーの年間販売数を軽く上回る数字です。目指すのは「日本一コーヒーを販売する店」です。

セブン-イレブンの場合、食の安全安心面でも「上質さ」を追求します。セブン-イレブンはドミナント（高密度多店舗出店）方式といって、一定エリア内に店舗ごとに商圏を隣接させながら短期間に集中出店し、店舗網を広げていく方法をとっています。弁当やおにぎりなどのデイリー商品を共同で開発するベンダーと呼ばれるメーカーが、出店エリア近くに専用工場をつくっても経営が成り立つため、専用工場率は九十パーセントを超え、コンビニ業界で圧倒的な高さを誇ります。

弁当工場では、保存料や合成着色料を使わないだけでは不十分と考え、醬油などの調味料や、ハム、漬け物などの原材料のメーカーにも一般には使われている保存料などは使わず、専用につくってもらいます。たとえば、ハムやソーセージなどの加工食品に食感などをよくする添加物として使われるリン酸塩は、セブン-イレブンのサンドイッチ用のハム類にはいっさい使用しないよう、素材メーカーに協力を求めています。それができるのも、専用工場で製造するため、他社の製品に使われる原材料との交差汚染が起きないからです。

このように安全安心面でも「上質さ」にこだわります。

現場の店舗では、「品揃え」「フレッシュネス（商品の鮮度管理）」「フレンドリーサービス（あいさつの励行など）」「クリンリネス（清潔な店内）」の四項目を「基本四原則」として、徹底して実行します。そのため、一軒一軒の店舗には、ＯＦＣ（オペレーション・フィールド・カウンセラー）と呼ばれる店舗経営相談員の社員が毎週、定期的に訪問し、店舗運営のコンサルティングにあたります。

本部側も二千名を超えるＯＦＣ全員を全国各地から東京の本部へ隔週で集めて、一日がかりの会議（ＦＣ会議）を行い、最新の情報提供や成功事例の共有などを行い、わたしも会長講話としてコンビニ経営の基本を繰り返し説き血肉化させていきます。ＯＦＣはまた現場店舗に戻り、自分が得た情報をもとに、店舗の事情に合わせてアドバイスします。

このサイクルをひたすら回しながら、コンビニであっても、店舗で提供する商品やサービスの「上質さ」を高めていく。このように、「手軽さ」のなかにも「上質さ」を提供して、初めてお客様は価値を認めてくれるのです。

コンビニはどのチェーンも同じように見えます。なのになぜ、全店平均日販で十二万円以上の差が生まれるのか。「上質さ」と「手軽さ」の二つの座標軸で、コンビニの世界を見たとき、「手軽さ」を基本としながらも、「上質さ」をぎりぎりまで追求し、トレードオフを両立させている点で、他のコンビニとは異なるゾーンにいることが、強さの源泉になっているようにわたしは思います。

そして、なぜ、わたしがこれほどまで「上質さ」を求めるのかといえば、常に質的な価値を高めることが、変わらぬ「視点」だからです。そのうえで、新しい「ネタ」を次々生み出していく。秋元康さんのいう、ビートたけしさんたちの「飽きられない笑い」に、わたしが共感するゆえんは、ここにあるのです。

6 「上質」と「手軽」の「空白地帯」にヒットあり

まわりの業界を見渡しても、勢いのある企業にはトレードオフの戦略が明確なところが多くあります。価格面での「手軽さ」を追求しながら、機能面での「上質さ」もちりばめるユニクロは代表格でしょう。

百貨店も「上質さ」一辺倒では飽きられるだけです。商品とサービス、両面で「手軽さ」もとり入れることで、百貨店としての価値を認識してもらえるようになってきました。グループ傘下の西武やそごうの食品売り場にセブンプレミアムの商品を置いて好評なのはその好例です。

ヨーカ堂では東京都区部など都市部で主に食品を扱う小型スーパー「イトーヨーカドー食品館」を展開していますが、基本コンセプトは「上質さ」と「手軽さ」です。

たとえば、JR中央線阿佐ケ谷駅周辺は人口密度が高い地域ですが、低価格路線の総合スーパーが駅前に一店舗あるだけでした。同じ路線では、お客様は価値を認めません。駅前に出店したイトーヨーカドー食品館阿佐谷店は「手軽さ」のなかに「上質さ」をちりばめる度合いを高めることで、空白地帯だった需要を掘り起こすことに成功しました。

総合スーパーも衣料品が苦戦していますが、安さという「手軽さ」だけでなく、普段着でも「上質さ」を感じるファッション性をいかにとり入れるかで、初めて手軽なお店として認知してもらえます。

IT機器でも、大ヒットした製品はたいがい、空白地帯に投入されています。たとえば、アップル社のiPadです。わたしは生来の面倒くさがり屋でパソコンもマウスは使っても、キーボードを叩いたりするのは苦手です。その点、iPadは画面をタッチするだけという直感的な操作でいつでも豊富なコンテンツを利用できますし、どこへでも持ち運びができます。機能面の「上質さ」のなかに徹底して「手軽さ」をちりばめたところが見事です。

一方、トレードオフの方向性が不明確で、「上質さ」も「手軽さ」も中途半端になると、お客様の選択からはじかれます。わたしが一読し、戦略的な視野を広げる一助になると思い、グループの社員にもすすめた『トレードオフ　上質をとるか、手軽をとるか』（ケビン・メイニー著　プレジデント社）という本があります。この本は、「上質さ」も「手軽さ」も中途半端になると、市場の「不毛地帯」に陥るとして、そうなってはならないと厳にいさめます。

その一例としてアメリカのスターバックスをあげます。スターバックスは草創期、「ゆったりとしたひと時を過ごすためのオアシス」を提供することをコンセプトに、「上質さ」を基本戦略とし、コーヒーショップの「手軽さ」もちりばめて、顧客の絶大な支持を得ました。

ところが、スターバックスを世界的チェーンへと育て上げたハワード・シュルツ氏の引退後、新しい経営トップのもとで、二〇〇〇年代半ばにウォール街の期待に応えて拡大路線に転じ、出店攻勢をかけます。ただ、店舗数が増えるにつれ、コーヒーの味と香りが落ち、店内に朝食メニューのにおいが漂い、スターバックスの持ち味だったパートナーと呼ばれる従業員の接客の質は低下していきました。「上質さ」は薄れ、かといってマクドナルドほどの「手軽さ」もなく、不毛地帯に陥り、業績は急落します。そこでシュルツ氏が復帰。再び、「上質さ」へと軌道修正することで、経営を立て直すことができました。

セブン-イレブンはアメリカが発祥ですが、本家のセブン-イレブンも一九八〇年代にその不毛地帯に陥ったことがありました。スーパーマーケットが二十四時間営業を始め、ディスカウント戦略を強化したのに対抗して、コンビニも各チェーンが追随し、同じディスカウント戦略に走ったことが原因でした。結果、熾烈な価格競争に巻き込まれ、収益がどんどん悪化する悪循環に陥りました。コンビニが商品アイテム数にまさるスーパーと価格で競争して成り立つはずがありません。「上質さ」もなければ、「手軽さ」も中途半端になり、経営は破綻。わたしたちに支援を求めてきました。

そこで、わたしはアメリカに飛んでは、セブン-イレブン・ジャパンの経営のやり方を導入しました。ファストフード類の品質や鮮度を高めるなど、「手軽さ」と同時に「上質さ」をちりばめる戦略を徹底し、再生を実現します。アメリカのセブン-イレブンは現在、完全子会社になっています。

もし、ある企業の業績が伸びなければ、「上質さ」と「手軽さ」の二つの座標軸でどの方向性を目指すかというトレードオフの戦略が中途半端になっていないか、確認すべきでしょう。

変化しないといつのまにか不毛地帯に入ってしまう

このように、「上質さ」と「手軽さ」のトレードオフを考えるとき、注意すべきことが二つあります。一つは売り手の考える「上質さ」や「手軽さ」が、必ずしも買い手のニーズに合っているとは限らないことです。

たとえば、既存の銀行は雰囲気面である種の「上質さ」が売り物でした。実際、銀行へはサンダル履きでは行きにくいところがありました。ただ、お金の価値はどこのATM（現金自動預払機）で出し入れしても同じです。そこで、もっと手軽に出し入れができるよう、コンビニ店舗へATMを設置するため、わたしたちは自前のセブン銀行を設立しました。同じATMでも、サンダル履きで行ける「手軽さ」を付加したことで、大きな潜在的ニーズを発掘しました。セブン銀行設立に対し、当初、金融業界から否定論が沸騰したのは、金融にとっての「手軽さ」という発想が理解できなかったためでしょう。
「上質さ」と「手軽さ」のトレードオフを考えるとき、もう一つ、もっとも注意すべきなのは、お客様が求める「上質さ」も、「手軽さ」も、どちらも価値軸が常に変化するため、それに対応して売り手も変化していかないと、いつのまにか取り残され、不毛地帯に入ってしまうことです。

たとえば、食品でもかつては、同じ価格なら量を増やせば、お客様は「安い」と感じるため、「手軽さ」を打ち出すことができました。しかし、いまは少子高齢化の時代で、単身世帯や二人世帯が増加しています。お客様は必ずしも量が多いことに魅力を感じるわけではありません。量で安さを感じさせようとすると、不毛地帯に入り込みます。

いまは、同じ価格なら質を上げて実質的に価格を下げる、あるいは、質を上げる分、量を減らして実質的に価格を下げることで、「手軽さ」のなかに「上質さ」を感じ、手を伸ばしてもらえるのです。セブンプレミアムの少量パックの惣菜類はその典型です。

出版業界もなかなか本が売れず、不況が続きます。出版社はこんなに上質でいい本をなぜ読もうとしないのかと、「上質さ」を理解しない読者のせいにしがちです。読者が求める「上質さ」が変化し、しかも、より「手軽さ」を求めるようになり、自分たちが不毛地帯入りしていることに気づいていないのです。

セブン-イレブンもかつては近くにあっていつでも開いている「手軽さ」から、公共料金などの払い込み、ATM設置、マルチコピー機を使って住民票の写しや印鑑登録証明書が取得できる行政サービスなど、利便性をプラスオン（付加）し続けました。いまも「手軽さ」「上質さ」の両面でプラスオンは欠かせません。

過去の延長上にとどまっている限り、必ず不毛地帯に陥ります。重要なのは、常にトレードオフの内容を考え続ける戦略的な思考です。

いま求められる「上質さ」「手軽さ」は何か、そこにどんな「手軽さ」、「上質さ」をちりばめるか。ひとたび動きを止め、変化対応を怠ると不毛地帯が忍び寄ることを忘れてはなりません。

7 「ごほうび消費」や「メリハリ消費」こそチャンス

モノあまりの時代、つまり、誰もがお腹がいっぱいの状態にあっても、自分の好きなものや、予定調和ではない「上質さ」や「手軽さ」に新しい価値を感じるものは買う。では、消費者はどんなときにそれらを買おうと思うのでしょうか。つまり、買う目的や動機です。

マーケティングライターで世代・トレンド評論家でもあり、消費者の購買行動に詳しい牛窪恵さんと対談させていただいた際、伺ってみたことがあります。牛窪さんは、「おひとりさまマーケット」「草食系男子」など、独創的なキーワードを駆使したマーケット分析に定評があります。

牛窪さんによれば、一億総中流といわれたころと比べれば、いまは階層化が進んだものの、どの階層の人たちも、「自分が大切にしていることにはお金をかけ、それ以外の出費はできるだけおさえる」というお金の使い方をするようになっているといいます。それを「メリハリ消費」と呼んでいました。たとえば、お皿を買うときも、ライフスタイルにこだわり、その日の気分に応じて、百円ショップで買ったり、高級な専門店で買ったりと使い分けがどんどん進んでいるというのです。

興味深かったのは、流通のPB商品についても、メリハリ消費があるという話でした。平日はセブンプレミアムの惣菜などを買い、週末はセブンゴールドのようなより高品質の商品を買うといった具合に、使い分けをはっきりさせる。セブンゴールドを買う際も、N

B商品と比べて値段がどうかと比較するというより、「がんばったから自分へのごほうびにゴールドを」という心理的なメリハリで消費するケースが目立つといいます。週末の時間を豊かな気分で過ごすことを大切にし、「ごほうび消費」でちょっとしたぜいたく、いわゆる「プチぜいたく」をするというわけです。

現代の消費者は「消費を正当化する理由」を求めている

ではなぜ、現代の消費者は「メリハリ消費」や「ごほうび消費」をするようになったのでしょうか。それは、自分の選択について納得できる理由、つまり、「選択の納得性」を求めるからだとわたしは思います。

お客様は何を買うかといえば、価値を買いたいのです。セブンゴールドは高品質な分、価格も高めですが、「今日は週末だから」「がんばったごほうびだから」と、買うべき価値があると納得できる理由を求め、自分の選択を正当化しようとする。

このことに関して、現代の消費者心理をテーマに対談をさせていただいたことがある立命館大学大学院経営管理研究科教授で、行動経済学について詳しいマーケティング・コンサルタントのルディー和子さんも同意見でした。行動経済学は、人間の判断や行動に心理や感情が深く関係していることに着目し、理論化したもので、感情経済学とも呼ばれます。

標準的な経済学では、人間は「ホモ・エコノミクス（経済人）」といって、経済的、合理的に損得や確率を計算し、それにもとづいて、得られる利得が常に最大になるよう判断し、行動する存在として想定されています。その際、心理的な影響について考えるのはタブーとされます。

しかし、現実にはそんな人間は存在しません。人間は健康に害があるとわかっていてもタバコを吸ったり、同じ一万円の出費でも被服費については二の足を踏んでも、飲食費は躊躇しなかったりと財布が別々で、必ずしも常に合理的な判断をするとは限りません。そこで、ここ数年、注目を浴びてきたのが心理を重視する行動経済学です。

もっとも、わたしは行動経済学が注目される以前から、「現代の経済や消費社会は経済学だけでなく、心理学で考えなければならない」と唱えて、お客様の心理を重視した経営の大切さを説き続け、自らも実践してきました。そのため、行動経済学関連の本を読んだときは、「わたしがこれまで話してきたことと同じ内容が書かれている」と感じたものです。わたし自身、『鈴木敏文の実践！行動経済学』（朝日新聞出版）という本も書いています。

ルディーさんが「メリハリ消費」や「ごほうび消費」の背景として指摘されたのは、人間がもつ「損失回避」の心理です。人間は損と得を同じ天秤にはかけず、同じ金額なら利得より損失のほうを大きく感じてしまう。同じ一万円でも、一万円をもらった喜びや満足感より、一万円を失った苦痛や不満足のほうを大きく感じてしまう。そこで、人間は損失を回避しようと考え、行動するようになる。これを行動経済学では「損失回避性」と呼んでいます。この損失回避の心理については、第3章『「ものを売る」とは「理解する」こと』でも触れることになります。

ルディーさんの説明はこうです。いまは先行きが不透明で不確実な時代です。そうなると、いまもっているものを失いたくない、損をしたくないという損失回避の心理が広がる。ただ、その反面、何も消費したくないわけではなく、正当な理由があれば、何か買いたいと思っている。つまり、「消費を正当化する理由」を求めている。その例として、一年間がんばったのでごほうびとして高級なブランド品を買う、家族の健康のために多少高くても安全で上質な食品を買う、かわいいペットのためにおしゃれな服を買うといったケースをあげられました。

これは、消費が、単にモノそのものを買うのではなく、イベント性をもつようになったことを物語っているのかもしれません。消費を正当化できる理由や選択を納得できる理由があると、消費に意味が生まれ、イベント性をもつようになる。別のいい方をすれば、モノを買うのではなく、コトを買う。つまり、単にセブンゴールドというモノそのものを買うのではなく、週末には自分へのごほうびとしてセブンゴールドを買うコトを楽しむ。安全な食品というモノそのものではなく、家族の健康のために多少高くても安全な食品を買うコトを大事に思う。

牛窪さんの言葉を借りれば、モノにお金をかけるのではなく、自分が大切にしているコトにお金をかける。モノを買う時代から、コトを買う時代へと変わってきたことを、メリハリ消費やごほうび消費は象徴しているのかもしれません。

買い物はエンターテイメント

そういえば、「買い物は一つの大きなエンターテイメントではないか」と話された方もいました。セブン&アイ・ホールディングスは二〇一二年四月から、「新しい今日がある」というグループ統一のブランドメッセージを掲げましたが、このメッセージを制作していただいたコピーライターで、クリエイティブディレクターの岩崎俊一さんです。

岩崎さんは、トヨタ・プリウスの「21世紀に間にあいました。」や、日本郵便の「年賀状は、贈り物だと思う。」などの有名なコピーを手がけ、時代感覚に敏感な方です。岩崎さんとお話をさせていただいたとき、こんなことをいわれました。

「わたしは小売業の仕事を比較的たくさん手がけており、そのなかで気づいたのですが、こういうものがあればいいなというものや予期せぬものに、そのお店で出あうことができれば、これはもう相当大きな喜びが生まれます。そういう点を考えると、買い物は一つの大きなエンターテイメントではないでしょうか」

岩崎さんのいう「こういうものがあればいいなというものや予期せぬもの」とは、意識していたニーズというより、店頭で見て、「わたしはこういうものがほしかったんだ」と心のなかにあった潜在的ニーズ、つまり、ウォンツを掘り起こされるような商品ということでしょう。そんな商品と出あったことへの喜びにお金を投じる。

モノがあふれ、社会が裕福になるほど、お客様は消費を正当化できる理由や選択を納得できる理由を探し、メリハリ消費、ごほうび消費、イベント消費が増えていく。とすると、売り手に求められるのは、消費を正当化できる理由や選択を納得できる理由をお客様に提供することです。

「最後の一押し」

お客様に選択の納得性を提供することを、マーケティング・プランナーの辰巳渚さんは、お客様に対する「最後の一押し」と表現します。辰巳さんは現代の消費市場や消費者像に対し独自の視点をもった方で、ご著書の『「捨てる！」技術』は百万部を超えるベストセラーになりました。辰巳さんと以前対談させていただいたとき、つくり手や売り手がすべき「最後の一押し」という表現が印象的でした。

辰巳さんも「現代の消費者はほしいものが思いつかない、でも何か買いたいと思っている」ととらえたうえ、「日本の消費者は選択することに疲れてしまっている」と、こんなお話をされました。

「かつてはアメリカ流にできるだけたくさんの種類の商品を揃えておいて、お客様に好きなものを選んでもらうのがよしとされていました。日本でセルフサービスのスーパーが大成功を収めて、成長を遂げた時代はまさにそういう商売だったのではないでしょうか。しかし、日本の消費者は自分で選択することに疲れてしまっています。ですから、つくり手や売り手の側から、積極的にほしいものを見つけるお手伝いをしたり、仕かけをつくり、買い手に対して『最後の一押し』をすることが大切になっているのです」

商品を選択することに疲れてしまっているお客様に、選択を納得できる理由を提供して、「最後の一押し」をする。お客様との接点である店頭の場面においては、売り方の知恵、売り場の演出、品揃えの仕方、接客などが、これまで以上に重要になってきているのです。それについては、第3章『「ものを売る」とは「理解する」こと』でお話しするつもりです。


ここで、これまでの話を少しまとめてみましょう。

商品選択に疲れているお客様に選択の納得性を感じてもらう基本的な原則は、「二匹目のドジョウねらい」の発想から抜け出し、予定調和を崩し、新しい価値を提供することです。「ココアとバターと文庫本」のように、新しい組み合わせ方や結びつけ方を見つけ、新しい提案をする。「手軽さ」と「上質さ」という、現代の消費者がもっとも関心をもつ二つの座標軸のトレードオフの関係で空白地帯を見つけ出す。

流通のPB商品にしても、低価格優先で「手軽さ」を追求するゾーンには六割のお客様がいるとしても、売り手も九割いるとお客様も選択に疲れてしまいます。そこには「二匹目のドジョウねらい」もたくさんいることでしょう。

一方、ＰＢの予定調和を壊して「手軽さ」と「上質さ」の両方を追求するゾーンにいる四割のお客様は、一割の売り手が提供する新しい価値に「最後の一押し」をされ、選択に疲れることなく手にとる。そして、単なるモノ的な消費ではなく、さまざまなコト的な消費を楽しむ。売り手として、どちらのゾーンを目指すべきでしょうか。

そのとき、一割の売り手になるために必要なのは、変わらない「視点」です。わたしの場合、常に「お客様の立場で」考えて、お客様も意識していない潜在的なニーズに応えること、そして、常に質的な価値を高めていくことを変わらない「視点」とし、新しい「ネタ」を次々考えました。だから、常に九割の売り手がいるゾーンから抜け出すことができました。

もちろん、お客様の求める「手軽さ」と「上質さ」の価値観は変化し、座標軸が動いていくので、同じところにとどまると不毛地帯になってしまいます。そこで、新たな空白地帯のゾーンに移っていく。この繰り返しができる限り、一割の売り手になることができるのです。

8　私が提案して反対された13のプラン

本章の最後に、新しいものを生み出そうとするときの発想の仕方についてお話しします。食品メーカーといっしょに仕事をされることの多い前出の牛窪恵さんに、わたしたち流通がメーカーと組んでPB商品を開発していくことについて、どんな風にご覧になっているか伺ったとき、次のようなとても興味深い答えが返ってきました。

「NB商品の開発現場では、コスト削減のために新しいことができないなどの不満や閉塞感も生じています。そういう環境のなかで、セブンプレミアムやセブンゴールドのように、新しいものや品質にこだわった商品をつくるというのは、メーカーさんにとってても得がたい機会になるのではないでしょうか。PB商品を通じて、貴社が新しいことに挑戦を続けておられることに大きな意味があるように感じます」

実際、わたしはサントリーの経営トップの佐治信忠さん（サントリーホールディングス社長）とお会いした際、「御社でつくれる最高の品質のビールをつくってください。全部買い取って販売しますから」とお願いしたことがあります。佐治さんは「そういう要望は初めてだ」と最初はたいへん驚かれましたが、そこから上質ビールの共同開発がスタートしました。麦芽百パーセントで材料を厳選したセブン‐イレブン限定の「穫れたて素材生ビール」は一缶二百三十八円（三百五十ミリリットル）と、缶ビールとしては高額な価格で発売しながら、当初は三カ月で売り切る予定が、実際には一カ月で完売してしまいました。

日清食品のトップ、安藤宏基さん（日清食品ホールディングス社長）とお会いした折にも、同じように、「わたしたちのグループのために最高の商品をつくってください。値段は問いません」とお願いしました。日清食品社内では、受けるべきかどうか議論があったようですが、これは、セブンゴールドのブランドで初のカップラーメン「日清名店仕込みシリーズ」となり、一個二百六十八円とNBのカップ麺より価格が高くても、大きな支持をいただいています。

いずれもセブン＆アイ・ホールディングス限定商品であり、全品買い取りだから実現できたのでしょう。牛窪さんが指摘されたように、一般的に、社内から、「当社でつくれる最高品質の商品を価格を問わずつくる」という企画を発案しても、おそらく、すんなりとは同意を得られないでしょう。

いままでにない新しいものを生み出そう、新しいことに挑戦しようとすると、多くの場合、組織の内外から、反対や異論の声があがります。わたし自身、新しいことを提案しては反対にあう、その繰り返しでした。主なものをあげてみましょう。

●トーハンの弘報課時代、二十代でPR誌の『新刊ニュース』の抜本的なリニューアルを提案し、上司や役員に反対された。

●三十歳のときに転職したヨーカ堂では管理部門を担当し、資金調達のため、株式上場を上層部に進言し、社内や社外の顧問弁護士やメインバンクからも反対された。

●スーパーのような大型店と小型店とは共存共栄が可能であることを示すため、日本初の本格的コンビニエンスストアチェーンであるセブン-イレブンの創業を提案し、会社の幹部、業界関係者、学者……とあらゆる方面から反対された。

●多くの品目を扱うコンビニの経営を成り立たせるため、大口配送が業界の常識だった時代に、小口配送を求め、問屋から猛反発された。

●コンビニは正月も営業する以上、新鮮なパンを提供できるよう、製パンメーカーに正月中も製造を求め、猛反発された。

●セブン-イレブンの店舗への納品車両台数は創業当初、一日七十台にものぼったので

（現在は一日九台）、これを減らすため、牛乳メーカー各社に他社製品も混載する日本初の共同配送を提案し、これも猛反発された。

●コンビニで販売する日本型のファストフードが必要と考えて、弁当やおにぎりの販売を提案し、「そういうのは家でつくるのが常識だから売れるわけがない」と反対された。

●ヨーカ堂が三越を抜いて経常利益日本一になった翌年度の一九八一年度中間期決算で、創業以来初の減益に陥った。売り手市場から買い手市場への転換に対応するため、「豊富な品揃え」から「売れ筋商品の絞り込みと死に筋商品の排除による在庫削減」へと、根本的な政策転換を唱えたところ、「在庫を減らすと売り上げが落ちる」と反対された。

●消費税が三パーセントから五パーセントへ引き上げられた一九九七年の翌年、不況突破企画として「消費税分還元セール」を発案した際、「普段の売り出しで十パーセント、二十パーセント引きでも必ずしも売れるわけでない状況なのに、五パーセントでは魅力を感じてもらえない」と、営業幹部の大半から反対された。

●セブン－イレブンの店舗で顧客にいつでも焼きたてのおいしいパンを提供できるよう、製造工場をできるだけ店舗の近くに配置替えし、製造から配送まですべてを組み直す提案に対し、製パンメーカーからは拒否の意向が示された。

●セブン-イレブンの店舗にATMを設置するため、自前の銀行（現セブン銀行）を設立する案に対し、「素人が銀行を始めても必ず失敗する」と金融業界を中心に否定論の嵐が巻き起こり、メインバンクからも頭取が直々に来られて、反対された。
●低価格優先ではなく、質を優先するPB商品を開発すること、それを、グループのどの業種でも同じ価格で販売することに、社内から反対の声があがった。
●ワンランク上のPB商品、セブンゴールドの開発を提案すると、「価格を高くすると売れないのではないか」と消極的な声が聞かれた……等々。

こうして振り返ると、新しいものを生み出し、新しいことに挑戦するときはいつも、社内外から反対されるところから始まりました。それでも、反対者が賛成してくれるまで繰り返し説得する、あるいは、「とにかくやってみよう」と反対をおして、挑戦したことの多くは、結果として成功にいたっているのも事実です。

反対に、まわりの誰もが「いい」ということには、逆に手を染めないことがけっこうありました。これは、たびたびお話しさせていただいているエピソードですが、高度成長期のボウリング事業やバブル期の不動産投資がその代表です。かつて一九六〇年代から七〇年代にかけて、日本でボウリングがブームになったとき、スーパー業界からも次々参入し、ヨーカ堂社内でも参入しようという声があがりました。しかし、わたしは一人で断固反対を貫きました。

ボウリング事業は、施設をつくって設備を入れてしまえば、あとはマニュアルどおり運営するだけです。誰でも簡単に参入でき、自己差別化がしにくいため、いずれは飽和状態になるのは目に見えていました。結果は予想どおりになり、ブームはまもなく消え去りました。また、一九八〇年代末のバブル期には多くの企業が不動産投資に走りましたが、わたしたちのグループはいっさい関知せず、本業に専念しました。

新しいことに挑戦しようとすると、なぜ、周囲の反対にあうのか。『ストーリーとしての競争戦略』というご著書がベストセラーになった一橋大学大学院国際企業戦略研究科教授の楠木建さんと対談させていただいたとき、その理由を次のように的確に説明されていました。

「教科書では『戦略とは人と違うことをやること』とあるのですが、しかし人と違っていても、儲からないのでは意味がありません。ですから、正しくいえば、人と違った儲かることをやりなさいということになりますが、『儲かるいいこと』だとすぐにわかることだったら、とっくに別の誰かが思いついているはずです。あるいは、まだ誰も思いついていなかったとしても、すぐに『いい』とわかることだったら、みんながその事業に参入してきて、追いつかれてしまいます。そう考えると、本当に新しい産業を生み出すイノベーターが出てきた場合、その人が始めようとしていることは、多くの人からはすぐに、『儲かるいいこと』とは受けとめられないのではないかと思います。鈴木さんがセブン-イレブンを始めたときが、まさにそうだったのですね」

経験的に「いい」と思われることはみんながやるから、結局、競合になってしまい、ますます厳しい状況になる。みんなが「いい」と思うことなどやる必要はなくて、むしろ、「そんなのだめだろう」と思うようなことに意味がある。みんなが賛成することはたいてい失敗し、反対されることはなぜか成功する。それはわたしの経験に限ったことではないようで、これまでお会いした方々も同様の経験をお持ちのようでした。

「実現する方法」がなければ自分たちで考えればいい

「エキュート」といえば、駅空間を劇的に変えて大ヒットしたJR東日本のエキナカ商業空間です。このプロジェクトをゼロから立ち上げた鎌田由美子さん（元JR東日本ステーションリテイリング社長　現JR東日本フロンティアサービス研究所副所長）と対談させていただき、「既成概念の打破」「不可能への挑戦」をテーマにお話を伺ったことがあります。鎌田さんも、反対されても挑戦し、成功にいたった方の一人です。

エキュートは、おおぜいの人が行き交う「通過する駅」を、いろいろな人が集まり楽しめる「集う駅」へと変えようという考え方が出発点だったといいます。『集う駅』という新しい価値を生み出すには、施設全体をゼロから見直し、トータルにコーディネートしていく必要がある」と考えた鎌田さんは、駅のコンコースと商業スペースを一つの空間としてデザインする案を考えます。

ところが、JRでは鉄道事業の各部門が駅の施設をタテ割りで管理していて、全部担当が分かれていました。トイレ一つをとっても床材や照明などいろいろなルールがあったことや、「JRでは『前は何を経験したか』という過去から入ることがたくさんあった」ため、鎌田さんたちの新しい提案は、強く反発されました。惣菜コーナーをつくろうとしても、「惣菜など駅では売れない」「においがして駅のイメージが悪くなる」など、社内外から反対にあったそうです。

グループ内の社内公募で集まった二十～三十代前半のスタッフは、流通についてはほとんどが素人でした。鎌田さんはそんな若いスタッフたちに、「業界の常識や反対があっても、お客様のニーズに応えるためには欠かせないと判断したなら、積極的に踏み込み、当事者意識と信念をもって仕事をするように」といい続けたといいます。当事者意識と信念をもつことで、「仕事としての醍醐味も味わえるはずですし、組織としての強さも生まれると考えた」とも話されていました。

実際、エキュートのプロジェクトでは、出店店舗探しは難航し、出店候補とのリーシング（取り引きのための交渉）に入ってからも、当時はいまと違って、駅構内に対してネガティブなイメージをもつところも多く、交渉は困難をきわめたようです。多くの困難にあいながら、けっして妥協しないリーダーのもとで、若いスタッフは奮闘し、オープンにこぎつけていきました。エキュートはＪＲ大宮駅を皮切りに、品川、立川、日暮里、東京、上野、赤羽と次々オープンし、いまやＪＲ東日本のエキナカ商業空間の代表的ブランドとして人気を博しています。

わたしは鎌田さんのお話を伺って、非常に共感を覚えました。セブン‐イレブンを創業したときも、新聞広告で募集した社員は、ほとんどが小売業の経験をもたない素人ばかりでした。セブン銀行を設立するときも、グループ内からプロジェクト・チームに参加したメンバーは金融の素人ばかりでした。素人だから、既存の常識や過去の経験にとらわれず、挑戦できたのです。

前出の幻冬舎の見城徹さんも、大手出版社を辞め、一九九三年に幻冬舎を立ち上げたとき、編集については知っていても、書籍の流通や営業については「無知」だったため、「百人が百人、失敗するといった」そうです。そこで、「創立後初めて出した六冊の本を新聞で全面広告を打つ」「わずか三年で文庫をいきなり六十二冊リリースする」といった、外から見ると「無謀ともいえる挑戦」を続けて、業界の「既存のルール」を壊し、幻冬舎のブランドを印象づけようとしたといいます。

新しいものを生み出し、新しいことに挑戦するとき、目指すものを実現する方法がなければ、自分たちで方法を考えて道を切り開いていく。必要な条件が揃っていなければ、その条件そのものを変えていく。みんなに反対されることがたいてい成功するのは、反対された分、なんとしても実現しようとする当事者意識と信念が高まり、実現できたときにはほかにない新しい価値を生み出すことができるため、逆に成功も大きくなるのでしょう。

もちろん、ほとんど成算がないのにやろうとするのは、本当に無謀です。挑戦と、無謀とは違います。わたしの感覚では、自分のなかでシミュレーションして、七割方可能性が見えたら、挑戦すべきです。

新しいものを生み出していかない限り、必ず、お客様に飽きられます。みんなが「いい」ということをやれば、六割のお客様を相手に九割の売り手と競争することになるのに対し、反対されても挑戦すれば、四割のお客様を相手に一割の売り手とともにビジネスができる。

過去の延長線上で考えて誰もが賛成することはおおむね未来の展望が乏しく、逆に反対されることは多分に未来の可能性を秘めています。過去と未来、どちらに目を向けるか。もし、自分の仕事の仕方を変えていくならば、常に未来に目を向けて可能性を探り続けることです。

第2章 「答え」は「お客様」と「自分」のなかにある

9 「お客様のために」はウソ、「お客様の立場で」が正しい

ビートたけしさんらの笑いは、変わらない「視点」を通して、常に新しい「ネタ」を提供する。そのお笑いの「視点」が面白いので、「普遍的な笑い」として人々に受け入れられ、飽きられない。ビジネスにおいても同じであるという話を前章でしました。

わたしの場合、変わらない「視点」の基本は、常に「お客様の立場で」考えることです。お客様が次はどんな新しいものを求めるか、答えはいつもお客様のなかにあり、お客様の心理のなかに潜んでいるからです。では、どうすれば、その答えを見つけることができるのか。この章では、お客様の心理のなかにある潜在的ニーズという名の答えの探し方について、お話ししたいと思います。

わたしはことあるごとに、売り手は「お客様のために」ではなく、「お客様の立場で」考えなければならないといいます。「お客様のために」考えるのと、「お客様の立場で」考えるのとでは、一見同じように見えて、まったく違った答えが出てくることがあるからで

す。どこがどう違うのか。前章で紹介したトーハン時代の『新刊ニュース』のリニューアルを例にお話ししましょう。

リニューアル前の『新刊ニュース』は、「本をたくさん買う人が読むものだから新刊の目録をできるだけたくさん載せるほうがいい」という編集方針でつくられてきました。それに対し、わたしは、「本をよく買う人は、何も本だけを読んでいるわけではない。本を読む人であればあるほどホッとした息抜きがほしいのではないか」と考えました。そして、新刊目録の数を減らし、軽めの読み物をとり入れ、サイズも従来の半分のB6判にコンパクト化して、有料で売る案を出しました。すると、出版のプロを自任する上司たちから、「われわれプロの長年の経験からしてそう簡単に売れるわけがない」と反対されました。

これは、「お客様のために」と「お客様の立場で」の違いをよく表しています。上司たちは、新刊目録を多く載せるほうが「お客様のために」なると考えました。しかし、それは、本をできるだけ多く売るという自分の立場がまずあって、そのうえでお客様のことを考えている。つまり、結局は売り手の立場で考えていたのです。その根底には、過去の経験にもとづいた「読書家とは本をたくさん買う人のことだ」「だから読書家は新刊目録を求めている」という思い込みや決めつけもありました。

つまり、「お客様のために」といっても、「売り手の立場で」考えたうえでのことであり、そこには、過去の経験をもとにしたお客様に対する思い込みや決めつけがある。これに対し、「お客様の立場で」考えるときは、ときには、売り手としての立場や過去の経験を否定しなければなりません。

もちろん、「お客様の立場で」考えて「お客様のために」なることを実践している人たちも多くいるでしょう。しかし、無意識のうちに、「お客様のために」といいつつ、「売り手の立場で」考えていることが多いのです。それは、わたしがお話を聞いた方々のなかにもいました。奇跡の変革を実現した旭山動物園の前園長、小菅正夫さんもそうです。「お客様のために」から「お客様の立場で」へと、視点が切り替わったことで変革がスタートしたのです。

動物園を「お客様の立場で」見直して気づいた衝撃の事実

旭山動物園は一九八〇年代に入園者数が減少の一途をたどっていました。ある日、飼育係長だった小菅さんは市の担当者から、「このままでは動物園は閉鎖になる」と告げられます。小菅さんは、なぜ、「動物園はいらない」とお客様に思われているのか、その理由を知るため、動物園を「お客様の立場で」見直すことを始めます。そして、ある事実に気づきます。以下は小菅さん本人の話です。

「わたしたちは、普段はお客様から見たら、動物園の裏側で仕事をしていますから、お客様の側から動物園を見る機会はありません。それで、改めてお客様の側から動物を見て驚きました。動物がみんなお客様におしりを向けているんです。しかし、考えてみるとこれは当然です。動物たちにとって、普段エサを運んだり、世話をしてくれる飼育係も、わたしのように痛い注射を打ちにくる獣医師も、みんな裏側からやってくる。動物たちにしてみれば、お客様の側には特に用がないので、常に裏側に注意を集中させていたのです。お客様からすれば、面白くないのも当然でした」

それまで小菅さんたちは、お客様に「動物は寝てばかりいて面白くない」といわれてもピンとこなかったそうです。考えてみると、自分たちの前では、動物たちはおいしいものが食べられるとか、いやな注射を打ちにきたということで、いつでも緊張感をもって活き活きとしていた。いわば、特等席で動物を見ていたことに気づきます。そこで以降は、お客様の側から動物に近づいていき、世話をするように変えました。すると、動物はすぐにこの変化を察知して、今度はお客様のほうに、いつ飼育係がくるか、いつ獣医師がくるかと、緊張感をもって注意を向けるようになったといいます。

小菅さんは、大学の獣医学部を卒業し、好きな動物を飼い、繁殖させ、研究ができる動物園の仕事に充実感を覚え、誇りをもっていました。動物園の存在は、「お客様のために」なると思っていました。ただ、それは、自分たちの側から見た光景にすぎなかった。この気づきから、どうすれば動物たちの活き活きした姿を来園客に見てもらうことができるのか、仲間たちで考え抜き、行動展示が生まれるのです。

この行動展示が生まれる背景には、もう一つ、発想の根本的な転換がありました。きっかけは、あるときから小菅さんの耳に、「この動物たちは自由がなくてかわいそうに」とあわれむ声が聞こえるようになったことでした。どこが不幸なのか。飢えもなく、病気になれば治療も受けられ、長生きできる。「幸せではないか」と小菅さんは飼育する立場から反発しました。ところが、あるときふと疑問が浮かびます。動物たちには本当に生きていく喜びがあるのだろうか。

動物の生きる目的は究極的には繁殖であり、目的に向かって命を維持するために食べます。自然界では一日のすべてをこの目的にあて、達成されたときに喜びを感じます。それが動物園では食べものは与えられるだけです。二十四時間のうち食餌は三十分で残りの二十三時間三十分は何もすることがない。「これはものすごい拷問ではないか」と気づいたのです。「動物のために」なると思っていたことを「動物の立場で」考えると、まったく違った意味をもつことへの気づきでした。

これがきっかけとなって、行動展示が生まれていきます。ホッキョクグマがお客様を、自然界ではエサとして捕食するアザラシに見立ててザブンッと勢いよく飛び込んでくるほっきょくぐま館。十数メートル離れた二本の柱の間に橋を渡し、一方の柱の下にエサを置いて、もう一方の柱からオランウータンがエサを目当てに橋を渡る空中散歩。マリンウェイと呼ばれる円柱水槽ごしに人間の姿を見せることで、アザラシが魚を追って水中を駆けめぐる習性を引き出すあざらし館など、動物本来の動きを引き出して見せる方法が生まれたのです。

飼育係の立場から考えて、「お客様のために」「動物のために」、よいことをしているという思い込みから、「お客様の立場で」「動物の立場で」考えて、よいことをしようとする発想へ転換したことで、行動展示が始まり、入園者数がどんどん増えていったとすれば、旭山動物園の奇跡の復活劇はとても示唆的です。

花を売る側が花をもらって初めて気づいた問題点

「お客様のために」的な発想と、「お客様の立場で」的な発想とでは、ときとしてまったく違う答えが出ます。そのことに気づかれた方は他にもいました。青山フラワーマーケットを運営するパーク・コーポレーション社長の井上英明さんもその一人です。井上さんも、「お客様の立場で」考えることを大切にして、売り場のレイアウト、人の動線、値札、包装の仕方……等々、あらゆるものをお客様の視点で考えるよう、社員に指示しているといいます。これも、ある経験がきっかけになったそうで、こんな話をしてくれました。

「以前、プライベートな用件でいろいろなところから花をいただいたのですが、そのとき、箱に入った花をとり出すのに、箱が開けづらくてたいへん苦労したことがありました。花がしっかり保護されているのはよいのですが、ぎっしりとつまっていてとり出しにくかったり、また、発送するときはつぼみでも、一日経って届くときには少し花が開くこともあり、梱包によってはその花や葉が傷んでいるものもありました。わたしたちも、箱については、以前から花を傷めずにお客様のもとにお届けができるよういろいろ工夫してきました。しかし、実際に自分で受けとってみて気づいたのは、自分たちではお客様の立場で考えているつもりだったのですが、それは花をつめて送るところまでで、とり出すときのことまで考えていなかったのですね。それでは、本当にお客様の立場で考えたことにはならないと痛感しました。この経験から、花をとり出しやすい箱を開発しました。

これはたいへん重要なポイントです。「花をつめて送るところまで」しか考えていなかったということは、あくまでも、発送という自分たちの仕事を中心にして、できる限り、「お客様のために」なるようはからっていたということです。「お客様の立場で考えているつもり」でいても、「売り手の立場で」考えた発想の域を出なかった。

一方、本当に「お客様の立場で」考えると、お客様が「花をとり出すときのことまで」配慮しなければなりません。それには、自分たちの過去の仕事の仕方を変えるところまで踏み込むことが必要なのです。

売り手の「まとめ売り」を買い手は「必要以上に買わされる」と感じる

いちばん問題なのは、「お客様のために」なると考えて行ったことと、本当の顧客ニーズとの間にズレがある場合です。

これはヨーカ堂の話ですが、こんな例があります。年末、おせち用の黒豆を売ります。少し前までは量を多めにしたパック詰めで割安の値段をつけて売っていました。ところが、売れ行きはあまりよくありませんでした。そこで、量り売りに変えた途端、売り上げは何倍にも伸びました。パック売りは、「量をまとめて安く売ればお客様にお買い得感をもってもらえる」という発想です。モノ不足の売り手市場の時代には、顧客ニーズと合致しました。

しかし、いまは少子高齢化が進み、一世帯あたりの人数がどんどん減っています。まとめ売りは買い手側から見ると、「必要以上に買わされる」というサービスの押しつけにすぎず、ニーズからかけ離れていたわけです。

顧客ニーズに応えなければならないと、誰もが言葉では理解し、頭のなかではわかっています。ところが、売り手はモノあまりの買い手市場の時代になっても、過去の経験に縛られたまま、「量をまとめて安く売るほうがお客様のためになる」と思い込み、これまでの発想や行動を変えることができなかった。一方、「お客様の立場で」考えるためには、自分の過去の経験をいったん否定しなければなりません。このことを徹底させるため、わたしは会社内で「お客様のために」といういい方の使用を禁じたこともあるくらいです。「お客様のために」と「お客様の立場で」、自分はどちらの発想になりがちか、一度、自分をとらえ直してみてはどうでしょうか。

10 赤飯は「炊く」のではなく「蒸す」

「お客様のために」と考える発想のもう一つの問題点は、「お客様のために」といいながら、自分たちのできる範囲内や、いまある仕組みの範囲内で考えたり、行っているにすぎないケースが多いことです。つまり、どこかで売り手の都合が優先されていることが多い。

一方、「お客様の立場で」考えるときは、自分たちに不都合なことでも実行しなければなりません。

これは、わたしがよくお話しする例ですが、セブン‐イレブンが一九九三年から販売を開始したパンのオリジナル商品「焼きたて直送便」も、「お客様のために」の発想で考えていたら絶対に出てこない商品でした。

大手製パンメーカーのNB商品は当時、全国の限られた拠点の工場で大量生産され、全国津々浦々のパン販売店まで配送されていました。メーカーとしては、都心部も地方も、近距離も遠距離も、どのような環境の店でも、お客様ができるだけ均質な商品を買えるようにするのが「お客様のために」なると考えます。そのため、味や鮮度よりは安全性を優先し、日持ちのよさに注力した商品設計になります。

しかし、これは、既存の生産や物流・販売の仕組みのなかで、品質保持の面で最大限の努力をしようとする発想です。つまり、「お客様のために」といいつつも、結局は限られた拠点の工場で大量生産するという、売り手の都合の範囲内で考えざるをえないのです。

わたしたちの考え方はまったく逆でした。既存の仕組みを前提にするのではなく、顧客ニーズをすべての出発点にして、そこから仕組みを考える。売り手の都合を前提に「相対的によりよいこと」をするのではなく、お客様の都合に合わせて「絶対的によいこと」を追求する。これが「お客様の立場」に立った仕事のやり方です。

パンについても、「お客様の立場で」考えれば、食の安全が確保されるだけでなく、味や鮮度の面でも優れた焼きたてのパンをいつでも買えることを望むはずです。ここに、お客様の潜在的なニーズが浮かび上がります。このニーズに応えるためには、全国のセブン-イレブンの店舗のできるだけ近いところに専用の製造工場を設置し、販売のピークに合わせてタイムリーに納品できるように、製造から配送まですべてをゼロから組み直さなければなりません。

しかし、わたしたちの申し出は、「セブン‐イレブンだけのために特別な対応はできない」と、製パンメーカーには受け入れてもらえませんでした。既存の常識では不可能なら、可能になる方法を自分たちで考える。それが創業以来のわたしたちのやり方です。「ならば、われわれ独自でやります」。わたしは交渉の場で即決しました。

独自の技術をもっている製パンメーカーを探し、大手商社、大手食品メーカー、各地の地元食品メーカーの協力を仰ぎながら、専用工場を各地につくり、「焼きたて直送便」の販売を順次全国展開していったのです。いまやセブン‐イレブンの収益を支える主力商品の一つになっています。

こんなエピソードもあります。以前、セブン‐イレブンで「赤飯おこわおむすび」を開発したときの話です。毎日行っている役員試食に出てきた赤飯の試作を一口食べて、わたしは赤飯本来の味でないことに気づき、開発担当者にどのようにしてつくったのかたずねました。

答えは、ご飯と同じ炊飯の生産ラインで「炊いている」とのことでした。赤飯は本来、せいろで蒸さなければならないのに、開発チームはベンダーのセブン‐イレブン専用の弁当工場にある炊飯用の釜を使って炊いていました。そのため、水加減、火加減、蒸らし方などいろいろと工夫しても、専門店のような「粘りがあって、コシがしっかりし、ふっくらとした赤飯」にはならなかったのです。

「なぜ、蒸さないのだ」と聞くと、「セブン-イレブン専用の弁当工場にはせいろで蒸す設備がないのでできない」という答えが返ってきました。チームは、数十店もの専門店の赤飯や地方の評判の店の赤飯を集め、研究を重ねていたので、本物の赤飯は蒸してつくることは十分、知っていたはずです。しかし、工場に蒸す設備がないから、いまある炊飯の設備を使う。これは、既存の仕組みの範囲内、つまり、売り手の都合の範囲内で考える発想です。

お客様はコンビニエンスストアで買う赤飯であっても、赤飯本来の味を期待するはずです。お客様のニーズに本当に応え、満足してもらえる赤飯をつくろうと思うなら、白飯と同じ釜で炊く発想は出てこないはずです。

「赤飯はせいろで蒸すべきではないか」。わたしはすぐに製法の変更を指示しました。米を蒸すには、全国各地に分散するセブン-イレブン専用工場に、赤飯のためだけの新たな設備投資をしなければなりません。かなりの投資になります。それでも躊躇せず実行させました。

チームはもち米の品種から洗い方、水に浸す時間、小豆の選定、煮出し方……等々、あらゆる要素についてもう一度、原点からやり直した結果、新たに生まれた赤飯おこわおむすびは発売と同時に大ヒット商品になり、いまも人気商品の座を確保しています。

自分たちにとって不都合なことでも、お客様の都合に合わせて実行する。それが「お客様の立場で」考える仕事の仕方です。コストがかかり、効率が悪くても、お客様が共感共鳴するものをつくっていけば、必ず、結果が出て、収益が確保できるようになる。売り手の都合の範囲内で「一生懸命やる」のと、お客様の都合に合わせて「正しいことをやる」のとではまったく意味が違うのです。

もし、自分としては一生懸命やっているつもりでも、結果が出なければ、どこかで売り手の都合の範囲内で考えていないか、見直してみてはいかがでしょうか。

11　「真の競争相手」は「絶えず変化する顧客ニーズ」

真の競争相手は競合他社ではなく、絶えず変化する顧客ニーズである。これもわたしの口癖で、「鈴木語録」のなかでも代表的なものです。

競争社会にいると、わたしたちはとかく他社との比較に目を奪われがちです。自社と他社とを比較して、自分たちの商品は九十点、他社は七十点程度だから自社のほうがまさっていると考えたとします。しかし、それは売り手側の勝手な思い込みであって、お客様から見たときの評価は大差なく、どちらも六十点程度かもしれません。

自分たちは他社を上回っていると思っても、お客様の満足を得られなければ、単なる自己満足にすぎません。逆に自分たちは負けていると思って他社との差を埋めることばかりにきゅうきゅうとすると、ものまねに陥ります。いずれもお客様は離れていきます。

どこの商品やサービスが優れているか劣っているか、A社のほうがいいかB社のほうがいいかといった相対的な比較は買い手であるお客様がすることであって、売り手側がすることではありません。結果としてお客様の支持が得られれば、他社に対して競争上の優位に立つことができる。だから、真の競争相手は絶えず変化する顧客ニーズなのです。

この考え方は、わたしだけでなく、対談でお会いした経営者の方々も同様におもちでした。たとえば、Ｆｒａｎｃｆｒａｎｃを運営するバルス社長の高島郁夫さんもそうです。高島さんは、もともと家具メーカーに勤務し、家具専門店や百貨店に商品を卸す仕事に従事されていました。

やがて、「家具業界は消費者の意見が反映されておらず、プロダクトアウト（企業が商品開発・生産・販売活動を行ううえで、売り手の都合を優先するやり方）になっているのではないか」と感じるようになります。そして、自分なりにお客様の声を反映したビジネスをしたいと考え、勤務先の子会社としてバルスを起業し、一九九二年にＦｒａｎｃｆｒａｎｃの第一号店をオープンしました。

当然、家具を売ることが目的でした。しかし、「人は一生に三回しか家具店を訪れない」と業界ではいわれていたため、まずはお客様の来店目的をつくるため、雑貨や小物を置いて、日常的に親しめるようにし、いざ家具がほしいときに、Ｆｒａｎｃｆｒａｎｃというお店を思い出してもらおうと考えたそうです。

また、当時、家具店というと、リビング、ダイニング、キッチン、寝室などあらゆる家具を揃えた大規模店舗が主流でした。その形態にも違和感を覚えた髙島さんは、既存の家具店とは別の方向性を打ち出します。明確なコンセプトをつくり、それに沿ったテイストの商品だけを絞り込んで揃え、お客様に自分たちのメッセージをはっきり伝えることを重視したのです。そして、「カジュアル・スタイリッシュ」というコンセプトのもと、二十五歳の都会に住む一人暮らしの女性をターゲットにして品揃えしたのが、Ｆｒａｎｃｆｒａｎｃでした。

従来の家具店とはまったく違った発想を大事にするため、「同業他社にはまったく目を向けなかった」という髙島さんの次の言葉はとても印象的でした。

「わたしは同業がどうかということはまったく考えませんでした。ですから、会社を設立してから十数年間、外部の（同業の）人とはほとんど会うこともありませんでした。自分たちの土俵をしっかりつくらないと、他社と激しい競争をしなければなりません。まず、自分たちの土俵をつくることに専念して、独自の世界を探求し続けました。そして、自分たちのお客様がどう判断してくださるか、それだけを見て、ビジネスに取り組みました」

わたしも以前、社員がマーケットリサーチと称して他社の店舗を見に行くことを禁止したのは、前に述べたとおりです。横を見ずに、ひたすら目の前の顧客ニーズの変化と向き合う。横を見ているうちは、他社と同じ土俵で激しい競争をしなければなりませんが、「自分たちの土俵」ができれば、お客様と一対一で向き合うことができます。

Ｆｒａｎｃｆｒａｎｃでは、他社との競争に巻き込まれなくてすむよう、オリジナリティのある商品や店づくりを進め、いまではオリジナル商品が七割を占めるといいます。創業当時からオリジナル商品の開発に力を入れてきたセブン‐イレブンと共通する点が多く、共感を覚えました。

異業種間競争の時代

同業他社に目を向けても、あまり意味がないもう一つの理由は、もはや競争は一つの業界や業態のなかだけでなく、まったくの異業種から突然、競争相手が現れ、出自の異なる企業や商品・サービスが競い合う時代になっているからです。

このことを、早稲田大学ビジネススクール教授で、長年外資系コンサルティング会社のボストン コンサルティング グループで経営コンサルタントをされてきた内田和成さんは、「異業種間競争」と呼んでいます。

内田さんとは、前掲の『トレードオフ　上質をとるか、手軽をとるか』という本の解説を担当されていたことがきっかけで、一度、対談させていただきました。

内田さんによれば、コンビニこそ異業種間競争の先鞭をつけた存在だといいます。コンビニが普及した結果、若い人たちが飲食店やレストランに行かず、コンビニのお弁当で手軽に食事をすませるようになった。この点をとらえれば、外食事業とコンビニ事業が異業種間競争を展開していることになるというわけです。

また、最近、異業種間競争を生み出しているもっとも典型的な例として、携帯電話やスマートフォンをあげました。朝、出勤時の電車内を見渡しても、新聞を読んでいる人は非常に少なくなり、その一方で、多くの人がスマホの画面を見ています。スマホでニュースはもとより、さまざまな情報を得られ、ゲームも楽しめます。そのため、ゲーム専用機とスマホも異業種間競争を繰り広げている。確かに、ゲーム専用機メーカー同士が競争していたのはひと時代昔で、ゲーム専用機メーカーはスマホという思わぬ競争相手に苦戦を強いられています。

セブン‐イレブンにしても、セブンカフェの導入により、目指すのは「日本一コーヒーを販売する店」です。コーヒーショップ業界から見れば、突然、コンビニ業界から競争相手が出現したことになるのでしょう。現時点で、セブン‐イレブンが日本一多く売っている商品群をあげると（カッコ内は年間販売数）、弁当四億六千万個、おにぎり十七億個、雑誌・書籍・コミックス二億四千万冊、ビール系飲料四億六千万本、セブン銀行のＡＴＭ利用件数六億九千万件……など、いくつもあります。内田さんが指摘されるように、コンビニは異業種間競争を行っている典型なのかもしれません。

こうした異業種間競争の時代にあって重要なのは、「消費者起点で新たな事業連鎖を考えること」だといいます。「事業連鎖」とは内田さんが提起している考え方で、消費者が商品・サービスを購入するまでの、アフターサービスを含めた川上から川下にいたる流れのなかで、さまざまな事業のつながりを事業連鎖と呼ぶようです。

異業種間競争の時代になると、企業内の閉じた活動の範囲内で価値を生み出そうとする従来の考え方ではなく、既存の活動範囲や自分の業界を超えて、新たな事業連鎖を生み出す動きがどんどん活発になってくる。その典型として内田さんがあげるのが音楽業界です。

過去の音楽業界は、ミュージシャンを抱えたレコード会社が、音楽ＣＤを製品化し、営業活動を行い、レコード店などの小売店を通じて販売していました。

ここにまったく異業種の世界にいた米アップル社が参入しました。携帯型音楽プレーヤーのｉＰｏｄ、音楽管理ソフトのｉＴｕｎｅｓ、音楽配信サービスのｉＴｕｎｅｓストアをトータルで組み合わせたことで、消費者はどのレコード会社のミュージシャンの曲もネットワークからいつでもデジタル情報のまま取り込んで楽しむことができるようになりました。アップル社のいまは亡き前ＣＥＯ、スティーブ・ジョブズ氏は、音楽産業の世界にまったく新しい事業連鎖を生み出したというわけです。

流通業が設立した自前の銀行であるセブン銀行なども、内田さんのとらえ方によれば、異業種間競争の典型で、新しい事業連鎖を生み出したことになります。提携金融機関（二〇一三年三月期では五百八十四社）のカードが使えるセブン銀行の特徴は、他の銀行のATMをコンビニの店舗に置き替えたこと、そして、銀行ごとに存在していたATM機能をマルチユースのATMに束ねたこと、銀行本体は伝統的な銀行が行っていた融資などの業務を省略したことなどがあります。結果として、既存の銀行業に対して、新たな事業連鎖が生まれたというわけです。

その意味では、セブン-イレブンが川上の素材調達を含め、企画から販売まで一貫してかかわり、食品メーカーなどと共同開発を行うセブンプレミアムも、新しい事業連鎖といえるかもしれません。

ただ、わたしたちは、セブン-イレブンで販売するお弁当類も、セブンカフェも、セブン銀行も、セブンプレミアムも、既存のレストラン業界、コーヒーショップ業界、銀行業界、食品業界などと競争をしようと思って始めたわけではありません。あくまでも「お客様の立場で」考え、お客様の利便性を高めることが目的でした。つまり、セブン-イレブンは「消費者起点で新たな事業連鎖を考えること」を続けてきた結果、いまの姿があるのです。

セブン–イレブンを日本で始めるといったとき、小売業の専門家や学者、マスコミから、「うまくいくはずがない」といわれ続けました。コンビニで品揃えできる商品はどれもスーパーで売っている商品で、店舗面積の小さいコンビニでは品揃えに限りがあり、勝てるわけがないというのです。

それなら、顧客ニーズに合った商品やサービスを自分たちでつくるしかないと考え、創業から今日にいたるまで、ずっとオリジナルな商品やサービスの開発に力を入れてきました。真の競争相手は競合他社ではなく、絶えず変化する顧客ニーズであるという考え方は、そうしたなかで自然と身についてきたもので、コンビニという業態の宿命ともいえるかもしれません。

他社との競争なら追い越した時点がゴールになりますが、顧客ニーズは変化し続けるので、この競争にはゴールがありません。はっきりいえるのは、これからもお客様を起点とした新たな事業連鎖が生まれ続けるということです。

12 「ほしいもの」を聞いても「本当にほしいもの」は出てこない

真の競争相手は絶えず変化する顧客ニーズである。では、どのようにすれば、顧客ニーズをつかむことができるのでしょうか。目を向けなければならないのは、「明日の顧客」のニーズです。

しかし、ニーズが刻々と変わる変化の時代には、「明日の顧客」の求める新しいものは目に見えません。そこで、いまいるお客様に「どのような新しい商品がほしいか」、アンケートをとってみればいいかというと、アンケート結果は狭い範囲に限られ、それだけを見ても新しいものは生まれません。現代の消費者は「いまはないもの」については答えられないからです。

金の食パンにしても、「一斤二百五十円の高級食パンをコンビニで買いますか」と事前にお客様に質問していたら、「イエス」と答えた人がどれだけいたでしょうか。しかし、発売された金の食パンが大好評を得たのは前述したとおりです。

素材にこだわり、一個百円台後半から二百円台前半とコンビニのおにぎりとしては常識破りの値段で販売しているこだわりおむすびも、「一個二百円前後の高級おにぎりをコンビニで買うか」と聞いたら、ほとんどの人が「ノー」と答えていたでしょう。しかし、こだわりおむすびは、発売を開始した年の「ヒット商品番付」にもランクされました。

このように、セブン-イレブンには数々のヒット商品がありますが、もし発売前にアンケート調査などを行い、「こんな商品が出たら買うか」と質問していたら、「買わない」と答えたであろうと思われる商品も少なくありません。それが、商品となって店頭に並んだ途端、お客様は手を伸ばすのです。

消費が飽和したいまの時代は、消費者は商品の現物を目の前に提示されて、初めてこんなものがほしかったと潜在的なニーズに気づき、答えが逆転します。現代の消費者は「いうこと」と「行うこと」が必ずしも一致しない。消費者自身にも具体的なイメージをもって「こういう商品がほしい」という意見がない時代なのです。

そのため、お客様もいまない商品については、既存の商品をもとにして考えて答えるしかない。コンビニの食パンといえば、一斤百円台前半～半ばで売られているため、二百五十円の食パンを買うかと聞かれれば、ノーというしかないのです。

しかし、売り手が同じように考えていたら、お客様の潜在的なニーズに応えた商品など提供できません。売り手は過去の経験を否定し、既存の常識にとらわれずに、提案していかないといけません。そこで、必要になってくるのが「仮説を立てる」という仕事の仕方です。

「明日の顧客」のニーズは目に見えない。ただそれは、お客様の心理のなかに潜んでいます。そのため、「明日の顧客」のニーズについて仮説を立てるには、お客様の心理を読まなくてはなりません。では、どうすれば、お客様の心理を読むことができるのでしょうか。

次の項で、セブン-イレブンの店舗での商品発注の例を紹介しましょう。

13　海辺の店でなぜ、梅おにぎりが大量に売れるのか？

仮説を立てる。セブン-イレブンの国内総店舗数は一万五千店を超え、合わせて三十万人以上のアルバイトやパートのスタッフが仕事に従事しています。おそらく、セブン-イレブンほど、日々、「仮説を立てる」という仕事の仕方を徹底して実践しているところはほかにないでしょう。

セブン-イレブンの店舗では、発注分担といって、高校生のアルバイトにも商品の発注を任せます。主力の弁当やおにぎりを担当するケースも珍しくありません。素人同然の高校生のアルバイトでも、店舗の経営を左右する発注の仕事をこなせるようになるのは、「仮説と検証」を日々、繰り返すからです。

セブン-イレブンでは、毎日、午前中に翌日のための発注を行います。そこで、明日の売れ筋商品について仮説を立てます。どんな風に仮説を立てるのか。わたしがたびたび例としてあげるのが、「海辺の店の梅おにぎり」の例です。

海辺の町で、釣り船の発着場へ続く道路沿いにセブン-イレブンの店舗があったとします。いまは釣りシーズン真っ盛り。明日は週末で、天気予報では晴天で絶好の釣り日和のようです。早朝から釣り客が昼食を買いに立ち寄ると予想されます。昼には、かなり気温が上がりそうだから、釣り客の心理からすると、時間が経っても傷みにくいイメージのものを求めるはずだ。「それなら梅のおにぎりが売れるのではないか」。そう仮説を立てて、普段より多めに仕入れておきます。

釣り客も、昼食を買うつもりで店に寄りますが、何を買うかまではあまり決めていません。陳列棚に大量に並んでいる梅おにぎりと、釣りのお弁当に梅おにぎりをすすめるPO

P広告を見て、自分でもあまり意識しなかった潜在的ニーズに気づき、次々と買っていく。お客様は「釣り客のことがわかっている店だ」と満足し、これからも繰り返し利用しようと思う。反対になんの仮説も立てず、いつもと同じ品揃えにすると、釣り客の人気が梅おにぎりに集中することがわからないままになる。そして、お客様のほうは、その日は仕方なく別のものを買ったとしても、自分の求める商品が揃っていない店だと失望し、再び利用しようという意欲を失っていく。

「明日の顧客」の心理を察知し、ニーズを予測するための情報をわたしたちは「先行情報」と呼んでいますが、海辺の店の梅おにぎりの例には典型的な先行情報が二つ入っています。一つは「晴天」で「気温が上がる」という気象情報です。もし、「曇天」で「気温が下がる」という予報なら、味が濃いめのとり五目おにぎりや焼きおにぎりが売れるかもしれません。もう一つは、「週末」「釣り」といった地域のイベントや行事予定です。釣りをしながら食べられる食べものということでおにぎりが浮かびます。もし、翌日に近くの体育館で何かのスポーツの大会が予定されていれば、ボリューム感のある弁当のニーズが高まるといった仮説が立てられるでしょう。

こんな仮説の立て方もあります。東京の住宅街の多い地区で行われた春のゴールデンウィークに向けた取り組みの例です。連休中は、旅行やレジャーへ出かける人が多いため、どうしても客足が落ちます。ただ、連休でも来店される客層といえば、若い世代よりは、比較的高い年齢層が予想され、うまくニーズに対応できれば、将来にわたって固定客になってもらえる可能性があります。

そこで、あるデザート系の商品に着目しました。透明なゼリーのなかにいろいろな果物が入ったもので、普段は特に力を入れているわけではありませんが、もともとおいしいうえ、値段も百五十円ほどと手ごろなため、健康志向の強いお客様にとっては常用性のある商品です。連休中は弁当類など、デイリー商品の陳列棚はさみしくなりがちですが、そのゼリーのデザートは色鮮やかで、たくさん並んでいれば売り場が華やいで見えるのも魅力でした。地区全体で積極的に発注をかけたところ、普段は一日二千円程度だったその商品の売り上げが、一万円にも達した店が続出しました。買っていったお客様の多くは仮説どおり、地元の高齢者でした。

同じ地区内のある店では、こうしたゴールデンウィーク向けの仮説づくりに刺激を受けたアルバイトが、自分でも独自の仮説を立てて成果を出しました。連休中は必ずしも家族全員で出かけるとは限りません。一人取り残されたお父さんは晩ご飯をどうするか。レトルトカレーなら簡単につくれるのではないか。そう考えて、いろいろな種類のレトルトカレーを特集した売り場をつくり、売り上げを伸ばすことができました。日ごろからレトルトカレーの発注を担当し、実際に商品を目で見て触っている人間だからこそ、直感できる仮説でした。

コンビニでは、真夏にはアイスクリームや氷菓がよく売れますが、明日の日中の最高気温が三十度を超えるような真夏日になりそうなら氷菓を、三十度以下ならアイスクリームのほうを多く発注するのも、日常的に行っている仮説です。また、二月ごろでも、明日は気温が上昇し、汗ばむくらい温かな日になりそうなら、セブン-イレブンでは冬でも冷やし中華が売れるのではないかと仮説を立てるのも、知られている話です。

POSシステムは「明日の顧客」のデータは出してくれない

販売の結果は、POS（販売時点情報管理）システムでわかります。セブン-イレブンのPOSシステムは、どの商品がどの時間に何個売れたかまで詳細にわかります。仮説を立てて発注すれば、仮説どおり、商品がよく売れたかどうか気になります。そこで、販売の結果をPOSデータでチェックする。これが、検証です。

POSシステムはもともとアメリカで開発されたものですが、アメリカではもっぱら、レジでの打ち間違いや不正を防止する目的で使われていました。これを、商品発注や商品管理を行うための道具として使い、マーケティングに活用したのは日本のセブン-イレブンが世界で初めてでした。

POSシステムについていちばん誤解されやすいのは、POSが出した売り上げランキングの結果をもとに発注するものと考えられているところです。POSが出すのは「昨日の顧客」のデータであって、「明日の顧客」のデータは出してくれません。「明日の顧客」のニーズ、明日の売れ筋は人間が仮説を立てて探るものであり、POSは基本的には仮説が正しかったかどうかを検証し、次の仮説へとつなげていくためのものなのです。

こうして、単品ごとに常に仮説と検証を繰り返し、常に店頭に顧客のニーズに合った売れ筋商品を揃え、死に筋を排除していって、発注の精度を高めていくことを「単品管理」と呼びます。

POSは基本的には仮説を検証するためのものですが、POSデータの読み方次第では、そこから新たな潜在的ニーズを察知し、仮説を立てることもできます。たとえば、こんな例です。都心のオフィス街にある店舗では、昼のピーク時にサラダが大量に売れていました。主に女性のお客様が弁当類といっしょに買っていました。

あるとき、ＰＯＳデータを見ていた担当ＯＦＣ（店舗経営相談員）が朝の出勤のピーク時にも、数こそ昼とは比べものにならないほど少ないものの、サラダが売れているのを見つけました。店舗スタッフに聞くと、出勤途中の若い女性のお客様が買っているといいます。ダイエット志向の女性は朝食にもサラダを買うのではないか。ここに潜在的なニーズがあるのではないか。ＯＦＣはオーナーと相談し、朝のピーク時に向けて、サラダの大量発注をかけました。

仮説は見事に的中しました。女性のお客様が朝食代わりにサラダを買ってオフィスで食べるというニーズに加え、昼の混雑を避けて前もって買い、会社の冷蔵庫に入れておくという需要もありました。以降、その店では朝もサラダが大量に並ぶようになり、潜在的ニーズを顕在化させていったのです。

地方の街道筋にある店舗では、ＰＯＳデータから、週末になると小さな紙パック入り果汁飲料がよく売れることに気づきました。なぜだろうと思い、店頭で買われ方を見てみると、クルマで店の前を通る家族連れが立ち寄り、親は炭酸飲料などを買いますが、小さな子供にはパック入りの果汁百％ジュースを買って飲ませているのがわかりました。紙パックならストローを穴に差し込むため、クルマのなかでもこぼれないし、百%果汁なら安心感があるので、親はペットボトル入りより紙パック入りを選ぶのではないか。次の週から、週末は多く仕入れ、フェイス（陳列面）も思いきり広くとって並べるようになりました。

お客様の心理を読んで仮説を立てる

こうして仮説を立てた発注の例を見ると、いずれも発注者は、お客様の心理を読んでいることがわかります。海辺の店では炎天下でも傷みにくいイメージの昼食を求める釣り客の心理を、住宅街の店では家で夕食づくりを簡単にすませたいお父さんの心理を、オフィス街の店ではダイエット志向の女性のお客様の心理を、街道筋の店ではクルマのシートを子供がこぼしたジュースで汚したくない親の心理を、冬でも温かな日にはお客様の皮膚感覚から冷やし中華を食べたくなる心理を読んで、仮説を立て、潜在的なニーズを発掘しているわけです。

わたし自身、新しい商品や新しい事業を発案するときは、常にお客様の心理を読んで仮説を立てています。たとえば、以前こんなことがありました。セブン-イレブンで、おにぎりの値段を百円に下げたことがありましたが、ヒットは半年しか続きませんでした。次はどうするか。開発担当者からは、さらに九十円に下げる案が出ました。百円おにぎりのヒットを一度経験したことで成功体験が刷り込まれ、「安くすれば売れる」と考えたのです。

これに対し、わたしはまったく違うお客様の心理を読んでいました。モノあまりの時代でも、さまざまな販売のデータをよく見ると、お客様は新しいものに対してはすごく敏感で、すぐ飛びついていました。百円おにぎりがヒットしたのも、お客様は従来百三十円台だったものが百円で買えることに新しさを感じたからであって、また九十円に下げても、もう新しさは感じません。

わたしは、「いまのお客様は同じようなものならもういらないといっているんだ」と、キングサーモンやいくらなどワンランク上の素材を使った高級おにぎりを、百円台後半というコンビニとしては常識外の値段で売る案を出しました。当初はなかなか理解されませんでした。百円おにぎりのヒットという過去の経験から、値段を高くするのは「お客様のために」ならないという意識が生まれていたのです。

しかし、値段の問題も、「お客様の立場で」考えれば、違う光景が見えてきます。昼食時、お客様はコンビニで弁当類を買います。飲み物も含め、たいてい、五百円以上は使っていました。百七十～百八十円のおにぎり二つと飲み物か味噌汁か何かを買っても五百円になるかならないかです。お客様はワンランク上の素材を使った高級おにぎりという新しさに価値を感じ、予算内に収まるなら手を伸ばすのではないか。ならば、挑戦してみるべきではないか。それは、お客様の心理を読んだ仮説でした。結果、店頭に並んだこだわりおむすびは大ヒットし、ヒット商品番付にもランクされたのは前述のとおりです。

第1章の「上質さ」と「手軽さ」の二つの座標軸にあてはめれば、百円おにぎりは、価格面の「手軽さ」の軸に沿った空白地帯を掘り起こしましたが、九十円に下げても同じゾーンなのでもう新しさは感じてもらえません。一方、こだわりおむすびはコンビニのおにぎりという「手軽さ」のなかにこれまでにない「上質さ」がちりばめられた商品として空白地帯を掘り当てたのでした。

セブン銀行の設立もそうです。わたしたちはお客様が店内のATMを使い、口座をもつさまざまな金融機関から引き出す際の手数料を収益の柱にすえ、基本的に融資などは行わない決済専門銀行を構想しました。これに対し、前述のとおり、金融業界を中心に、「銀行が次々経営破綻しているなかで新規参入しても絶対無理だ」「素人が銀行を始めても必ず失敗する」……等々、否定論がわき上がりました。メインバンクの頭取さんもわざわざやってこられて、「われわれは金融を専門にやっているが、銀行のATMも飽和状態にあるのに収益源がATMだけで成り立つはずがない。わたしたちがついていて失敗させるわけにいかない」と忠告してくれました。

一方、わたしは、セブン-イレブンで始めた公共料金などの収納代行サービスの取扱額が年々伸びていたことから、金融についても利便性を求めているお客様の心理を読み取り、絶対大丈夫というほどでないにしろ、七割方成功するだろうと仮説を立て、実行に踏み切りました。

既存のATMは一台八百万円のコストがかかっていて、そのコストを前提にすれば、確かに経営は厳しいかもしれません。一方、コンビニに置くATMは、基本的にはお金の出し入れができればいいわけです。そこで、従来は出入金取引、警備、システム、電話の四つの機能のために四回線を確保していたのを、一回線で一元的に管理する画期的な方式を開発するなど、徹底したコスト削減をはかり、四分の一の二百万円におさえることに成功しました。そして、一日一台あたり七十人の利用で採算がとれるようにしたのです。現在、一日一台あたりの平均利用件数は、百十件前後を推移しています。

14 「素人の目線」で「不満」を感じよう

「鈴木さんはどうして、お客様の心理を読むことができるのでしょうか」。わたし自身、まわりからよく聞かれます。わたしの場合、お客様の心理がわかるのは、自分もわがままで矛盾した顧客の心理をもっているからです。

たとえば、単純な話、わたしが一斤二百五十円もする金の食パンを発案したのは、これまで以上にもっとおいしいパンを食べたいと思ったからです。ＰＢのセブンプレミアムの商品開発を始めるとき、価格の安さより、質の高さを求めたのも、わたし自身、食品なら、よりおいしいものを食べたいと思ったからです。

長年、流通業に携わりながら、わたしは販売も、仕入れの経験もないとお話ししました。そんなわたしが流通企業の経営者でいられるのも、自分自身、顧客の心理をもち、「お客様の立場で」考えることができるからです。

これはわたしだけでなく、誰もが仕事から一歩離れれば、顧客の立場になる。だから、普通の生活感覚で考えれば、お客様の心理が読めるはずなのです。ヒットメーカーと呼ばれる人々に共通しているのは、普通の生活感覚で考えるという視点や発想を大切にしていることです。

たとえば、セブン-イレブンのデザインのトータルプロデュースにご協力いただいている佐藤可士和さんです。消費飽和といわれて久しいなか、佐藤さんは、広告、商品、店舗からブランドイメージまで幅広い領域でアートワークやディレクションワークを手がけ、数々のヒット商品、ヒットブランドを生み出しています。

佐藤さんは高校生のときにクリエーターになろうと決めてから、「時代の先を読もう、読めなくてはだめだ」と思ってきたといいます。佐藤さんと対談をしたとき、どのようなところから時代変化をとらえているのか伺ってみました。

佐藤さんいわく、「基本的にアイデアやインスピレーションは日々の生活のなかにあり、生活者としての自分と、それを外から見ているクリエーターの自分がいる」ということでした。つまり、生活者として普通に感じたことのなかから、クリエーターとしてアイデアやインスピレーションを得る。その具体例として、佐藤さんが携帯電話のデザインをしたときの話を対談からここに一部引用しましょう。注目したいのは、佐藤さんが「素人の目線」にたびたび触れていることです。

鈴木　わたしは、いま売れる商品には、新しさが必要だと感じています。そこで社員には新しさを引き出すようにしなさいと、いつもいっているのですが、なかなかそれができません。佐藤さんのように新しいものを生み出していくクリエイティビティというのはどこから生まれるのでしょうか。

佐藤　新しくないと人は感動しないし、刺激にならないですからね。根本的に新しいかどうかは別にしても、「新鮮に感じる」という切り口でとらえると、新しいことは意外と見つかるものです。鈴木さんの著書を拝見していると、「素人の目線」ということをたいへん大切にされていますね。わたしは「素人の目線」こそが、新しいものを引き出すうえで、すごく重要だと思います。わたしたちの日常生活のなかで感じた疑問から発想することが重要です。ところが、仕事をしていると、会社の都合や大義名分から考えてしまいます。

鈴木　おっしゃるとおりです。わたしたちは生活者を対象にした商売をしているのですから、生活感覚を大切にする必要があります。わたしはずっと「お客様のために」ではなく、「お客様の立場で」考えるようにしなさいと、いい続けています。これは似ているようですが、「お客様のために」というのは、あくまでも自分が売り手やつくり手の立場に立って考えていることです。それでは、佐藤さんのおっしゃる大義名分といっしょで、生活感覚から離れてしまいます。「お客様の立場で」考えるというのは、仕事や過去のしがらみから離れて、普通の生活感覚で考えるということです。

佐藤 そこは混同しがちなところですね。わたしが初めてプロダクトデザインを手がけたのは、携帯電話のデザインだったのですが、そのとき、こんな経験をしました。わたしは、つねづね全体が赤なら赤という同じ色で統一されている携帯電話がほしいと思っていましたが、当時はなぜかそういうものがありませんでした。そこで、どうしてこの部分は色を変えているのかと聞いたら、「そこはゴムだからグレーなんです」と当たり前のことのようにいわれました。業界としては、部品の素材が違えば、色が違うのは当たり前だったのですね。技術的には同じ色にできないわけではないのに、同じにしようとすると、コストがアップするわけです。しかし、一般の人からすれば、わずかにコストが上がるからという議論はリアリティがありません。全体が赤くてカッコイイほうがよいに決まっています。そこで、わたしが素人の視点で単色の携帯電話をつくったら、かつてないほどの大ヒットになりました。その後は素材が違っても同じ色にするデザインは、当たり前になってしまいました。

鈴木　担当している人間は、どんどん細かいところに入り込んでいく結果、その商品にとって、本当に大切なポイントは何かということが見失われるのですね。

佐藤　何銭コストを下げるというのは会社にとっては大切な問題でしょうが、しかし、そこだけにこだわってしまうと、新しいアイデアは出てきません。素人の目線で、「どうしてこうなっていないのだろう」「もっとこうならいいのに」という素朴な疑問を解決しようとすることが、新しいものを生み出すこと、つまりクリエイティブにつながると思います。（セブン&アイＨＬＤＧＳ.『四季報』２００９ＷＩＮＴＥＲより）

自分たちは専門家と思わず、「素人の目線」を大切にする

このように、対談のなかで佐藤さんは「素人の目線」の大切さを強調されています。「素人の強さ」については、前章で、青山フラワーマーケットを展開するパーク・コーポレーションの社長、井上英明さんの例を紹介しました。井上さんは、もともと花の販売業界にいた玄人ではなく、二十五歳で花の世界に入った素人でした。だから、過去の経験に縛られて予定調和に陥ることなく、イベントで使うようなおしゃれな花という「上質さ」

のなかに、従来よりずっとリーズナブルな価格という「手軽さ」をちりばめ、手つかずの空白地帯を見つけ出すことができました。

また、JR東日本のエキュートも、リーダーの鎌田由美子さんがグループ内の社内公募で集めた二十〜三十代前半のスタッフたちは、流通についてはほとんどが素人でした。だからこそ、社内外から反対にあいながらも、顧客ニーズに応えるためには欠かせないと判断し、業界の常識に縛られず、当事者意識と信念をもって仕事に向かい、立ち上げにこぎつけることができました。

セブン-イレブンも創業当初、新聞広告で集まった社員たちがほとんど小売業の経験をもたない素人ばかりだったからこそ、また、セブン銀行も設立プロジェクト・チームの参加メンバーが金融の素人ばかりだったからこそ、既存の常識や過去の経験にとらわれず、挑戦できました。

「素人の目線」を大切にし、普通の生活感覚のなかで考える。

前章でたびたびご登場いただいた秋元康さんのようなプロ中のプロでも、同様の姿勢で日々、仕事をしていることを知ったときも、とても共感を覚えました。「予定調和を壊すアイデアはどういうところから発想するのか」とおたずねしたところ、秋元さんからこんな答えが返ってきたのです。

「次のテレビの企画を考えようと、会議室に集まって考えても面白いものは生まれてきません。たとえば、とんねるずの番組で『食わず嫌い王決定戦』という人気コーナーがあるのですが、それなどはとんねるずの石橋貴明くんとアナウンサーの三人で食事に行ったとき、苦手な食べものの話になりました。人によって意外なものが苦手だったりして、これがけっこう面白かったんです。そこから、『食わず嫌い王決定戦』のアイデアが生まれました。会議室で考えていたのでは、けっして出てこなかったと思います」

「社員のみなさんも家に帰れば、普通のお父さんだったり、娘さんだったりするわけですね。会議の合間の雑談で、『いや、昨日、うちの子供がこうで』とか、『うちの妻がこうだ』といった話は必ず出ているはずです。実はそういうところにヒントがあると思います。ぼくたちクリエーターもそうなんですが、自分たちは専門家だからこの面白さがわかるが、一般の人にはまだ早いのでは、などと考えがちです。しかし、普通の人も専門家も、面白いと感じるところは変わりません。自分が普段の生活のなかで面白いと感じたことを大切にすべきです」

秋元さんも、仕事から一歩離れた「普通のお父さん」「普通の娘さん」「普通の人」、つまり、「素人の目線」で普段の生活のなかで「面白い」と感じたことを大切にしていたのです。

Ｆｒａｎｃｆｒａｎｃを展開するバルスの社長の髙島郁夫さんも、社員の感性を磨くため、社員には「できるだけ残業をしないでプライベートな時間を大切にするように」とつねづねいっているといいます。髙島さんがいうには、会社でしている仕事の大半は「作業」で占められるが、大切なのは「作業」ではなく、感性を磨いて、「クリエイティビティ」を高めていくことにあり、それは「プライベートな時間に培われる」といいます。

髙島さん自身、時間を見つけては、日本での仕事から離れて、世界を飛び回り、ニューヨーク、ロンドン、パリなどの街の情報を定点観測的に自分の目で直に見て、感じとっているといいます。その情報も、特に商品の情報ではなく、社会の動きやファッションのトレンドを感じとり、そこから、お客様が次はどんな新しいものを求めるか、「仮説」を導き出しているそうです。日本から離れることで、「バルス社長・髙島郁夫」ではなく、普通の生活者としての「素人の目線」を取り戻しているのでしょう。

「生活者・佐藤可士和」を「クリエーター・佐藤可士和」が外から見る

お客様はどんな新しいものを欲しているのか。お客様自身、いまないものには答えられなくても、答えはお客様の心理のなかに潜んでいる。ただ、売り手も仕事を一歩離れれば、買い手や受け手の立場になるから、顧客としての心理は誰もがもっている。

そのことに気づくには、どうすればいいのか。そのヒントも、佐藤可士和さんの言葉のなかにあります。佐藤さんはこういいます。

「基本的にアイデアやインスピレーションは日々の生活のなかにあり、生活者としての自分と、それを外から見ているクリエーターの自分がいる」

誰もが「生活者としての自分」をもっている。もちろん、佐藤さんは生活者としても優れた感覚をもっているのでしょうが、佐藤さんを佐藤可士和たらしめているのは、「それを見ているクリエーターとしての自分がいる」ことでしょう。

わたし自身、佐藤さんと共通するところがあります。それは、「もう一人の自分」から自分を見る視点をもつということです。わたしは社員たちにも、仕事をするときに大切なのは、自分自身を常に客観的に見ることだといい続けています。自らを客観視するとは、「もう一人の自分」から自分を見ることです。「もう一人の自分」から見ると、視点が切り替わり、自分も仕事を一歩離れれば、顧客の立場になり、わがままで矛盾した心理をもっていることに気づく。感覚を鈍らせていたフィルターが外れ、自分自身、買い手としてニーズがどんどん変わっていることがわかる。

一方、経験が豊富で、自分はその分野のプロである、玄人である、専門家であると思っている人に限って、「わたしの経験では○○である」といった話し方をします。しかし、これはたいてい、「わたしにとってやりやすいやり方は」とか、「わたしが正しいと思うやり方は」という意味で使われます。

自分はプロであると思い込んでいる人は、データや情報を見る場合でも、自分の経験に一致したデータや情報は尊重しても、経験と違うデータや情報が出てくると、「それはデータが間違っている」とかいって捨ててしまったりします。それは、過去の経験が「よい記憶」として脳裏にインプットされているからです。そのため、同じ状況に直面すると、これまでにうまくいったやり方を繰り返そうとする。

一度刷り込まれた成功体験を否定的に問い直すには、「もう一人の自分」を置いて、顧客としての心理をもった自分は何を求めるか客観的に見つめ直すことです。「もう一人の自分」から自分を見るのは、言葉でいうほど簡単ではありません。しかし、これを心がけるしかないでしょう。

佐藤可士和さんは、「生活者としての自分」が日々の生活のなかで感じたものごとを「クリエーターとしての自分」が外から見ることで、時代の先を読もうとする。秋元康さんは、「自分たちは専門家である」という意識を常に否定し、普通の人の感覚で「面白い」と感じることを探し続ける。

普通の生活感覚で考え、「素人の目線」を忘れずに、不満に感じたり、「こんなものがあったらいいな」と思うことからヒントを得て、顧客ニーズに応えるための仮説を立てる。

答えはいつも、お客様のなかにあると同時に、「自分」のなかにもあるのです。

第3章　「ものを売る」とは「理解する」こと

15　受けるのは「二十％引き」より「消費税分還元セール」

前章では、顧客ニーズに応えるための答えはお客様の心理のなかに潜んでいること、そして、顧客としての心理は売り手自身もっているため、答えを探るには、「素人の目線」、普通の生活感覚で考えることの大切さを指摘しました。では、その心理はどのようなとき、どのように働くのか。本章ではお客様の心理に対する理解を深めていこうと思います。

話は飛びますが、日本の消費税率は、二〇一四年四月から五パーセントが八パーセントへ、一五年十月から八パーセントが十パーセントへ引き上げられる予定とされていますが、これは、お客様の心理にも影響を及ぼし、消費市場に少なからぬ変化が生じると、わたしは考えています。

消費税率引き上げは、前政権が決めたことですが、五パーセントから十パーセントへと一気に引き上げるのはインパクトが大きすぎるので、五パーセントから八パーセントへ、次いで十パーセントへと段階的に引き上げることでショックを緩和したいという意図があったようです。つまり、二回に分けたほうが一回あたりのショックが少ないだろうという考えです。民主党内部では、一パーセントずつ五段階で引き上げる案もあったようです。

このことに関して、わたしはまったく別の考えをもっています。財政再建などの観点から、いずれ消費税率引き上げが必要であるとは、わたしも思っています。ただ、経済の先行きがまだはっきりしないなか、二年連続で引き上げたのでは、逆に消費回復に水を差すのではないかと危惧するのです。二回に分けたからといって、ショックが半分になるわけではありません。ショックは一回でも、二回でも同じだからです。地震にしても、一回でも、二回でも、怖さは同じです。それが人間の心理です。

一九九七年に消費税率が三パーセントから五パーセントに引き上げられたとき、消費が落ち込み、その影響が長く続きました。二〇〇四年に税率は変わらず、価格表示が消費税込みの「総額表示」に切りかえられたときでさえ、消費に影響が出ました。そうした経緯からしても、日本人は税金に対して、非常に敏感であることがわかります。とすれば、上げるタイミングが非常に重要であり、もし上げるのであれば、ショックは二回よりも一回ですませるほうが影響を長引かせないですむというのがわたしの考えです。

ショックを二回に分ければ、一回あたりのショックが緩和されるだろうという発想は、税率を上げる側が単に理屈で考えているだけで、上げられる側の心理を理解していません。また、今回の消費税増税に関連して、政府は「消費税還元セール」と銘打ったセールを禁止する特別措置法を成立させました。セール表示に関する指針案によると、「3％値下げ」「3％還元」といった表示は容認され、「消費税」や「増税分」を含む表現は禁止されるようです。この規制は、小売業者が増税分の値下げを納入業者に要求するのを防ぐのが目的ということですが、これも消費者の心理をまったく理解していません。

一九九七年に消費税率が引き上げられ、消費が低迷したとき、翌九八年にイトーヨーカ堂で不況突破企画として「消費税分5％還元セール」を発案したのは、わたしでした。この発案に対し、当初社内では、「普段の売り出しで十パーセント引き、二十パーセント引きでも必ずしも売れるわけでない状況なのに、五パーセントでは魅力を感じてもらえない」と、営業幹部の大半から反対された経緯は前述しました。

ならば、「前年の北海道拓殖銀行の破綻以来、消費が冷え込む北海道で試してみよう」と試験的に実施したところ、これが大反響を呼び、翌週には全店に展開することになり、売り上げ六十パーセント増の大ヒットになりました。特に売れたのは一着数万円もするカシミアのコートなど、高額の商品でした。「不況突破、消費税分還元」というアピールの仕方に内包された「反消費税増税」というイベント性や物語性がお客様の心理に響き、前年の消費税率アップに反発する潜在的な不満感を刺激したのです。その後、他社も追随して、全国的に波及していきました。

今回の消費税増税でも、消費の低迷が予想されます。とすれば、「消費税還元セール」を規制するのは、消費者の心理を理解していないといわざるを得ないのです。

消費者は経済合理性では動かない

現実の消費者は経済合理性では割り切れない行動をしばしばします。

「消費税分5％還元セール」も、単なる「5％引きセール」だったら、お客様は反応しなかったでしょう。人間は同じものでも提示のされ方によって選択の仕方が変わる。二〇〇八年九月のリーマン・ショック後に同じくヨーカ堂で実施した不況突破企画、「キャッシュバックキャンペーン」も同様です。

衣料品を中心に、お買い上げ金額から最大二十～三十パーセントを現金でお返しする。二〇〇八年十一月末の第一弾が大好評だったことから、第二弾、第三弾……と立て続けに行いました。たとえば、一万円の商品で二十パーセント返金なら、二千円が返ります。理屈から考えれば、二割引きと同じです。むしろキャッシュバックの場合、お客様は最初にレジで代金を精算したあと、特設レジに行き、込んでいれば並び、対象商品ごとに返金してもらうので、手間がかかり、面倒です。

ところが、二千円が現金で戻ると、「ありがとうございます」と売り手側のわたしたちに礼をいってくれるお客様も多くいました。一万円の商品を二割引きの八千円で買っても、レジで「ありがとうございます」とはおそらくいわないでしょう。

リーマン・ショックと同じ年、夏に原油の記録的な高騰により、ガソリン価格が上昇したときの「ガソリン割引券」も好評でした。期間中のお買い上げ金額の合計五千円ごとに、ガソリン一リットルにつき十円の割引券（上限五十リットル）をプレゼントする。これも理屈上は十パーセント引きで、一般的な経済学ではどちらも効用は同じと考えます。しかし、結果は大好評で期間中の既存店全店の売上高は前年同期比で二割増えました。単なる値引きではこうはいきません。

このように、消費者の行動は理屈ではなく、心理で動く。一方、売り手はややもすると理屈で考えがちですが、忘れてならないのは、心理の世界にいるお客様に対し、理屈の世界で接してはならないということです。

16 人は「得」より「損」を大きく感じる

消費者はなぜ、経済合理性とは異なる動きをするのでしょうか。

第1章で、立命館大学大学院教授で、行動経済学について詳しいマーケティング・コンサルタントのルディー和子さんが着目される現代の消費者の心理として、損失回避の心理を紹介しました。

損失回避の心理は、行動経済学でも主要なテーマの一つです。人間は損と得を同じ天秤にはかけず、同じ金額なら利得より損失のほうを大きく感じてしまう。同じ一万円でも、一万円をもらった喜びや満足感より、一万円を失った苦痛や不満足のほうを大きく感じてしまう。そこで、人間は損失を回避しようと考え、行動するようになる。これを行動経済学では損失回避性と呼ぶと述べました。

先行きが不透明で不確実な時代には、お客様はいまもっているものを失いたくない、損をしたくないという損失回避の心理が広がると、ルディーさんはいいます。そうした「損をしたくない」という心理を刺激して大ヒットしたのが、キャッシュバックキャンペーンと並んで行った不況突破企画の「現金下取りセール」でしょう。

期間中の衣料品のお買い上げ金額の合計五千円ごとに、お客様の不要になった衣類を一点千円で現金下取りする。これも大好評で回を重ねるごとに、対象品目をスーツ、コート、ハンドバッグ、革靴などから他の衣類、寝具・インテリア用品、鍋・フライパンや食器、電気製品へと広げ、お買い上げ合計金額も三千円ごとに一点五百円で下取りと、より利用しやすいようにしていきました。

これも理屈で考えれば、割引きと同じです。むしろ下取り品をもっていく手間もかかります。なのに、期間中は売り上げが二～三割もアップしました。以降、小売業界では下取りセールを始めるところが相次ぎました。

なぜ、お客様の財布のヒモが緩んだのでしょう。

初め、わたしがこの企画を提案すると社内からは、消費税分還元セールのときと同様に、「割引きをしても簡単に売れない状況なのに、割引きもせず下取りするだけではお客様は反応しないだろう」と効果を疑問視する声が返ってきました。それは理屈で考えたからです。

しかし、人間は心理や気持ちや感情で動いています。どの家庭も、タンスのなかは服でいっぱいです。着なくなった服もなかなか捨てられない。それは本能的なもので、捨てると損をするという心理が働くためでしょう。ならば、タンスのなかを空ける仕かけを考えればいい。下取りならば、着なくなった服に価値が生まれ、損はしないから、お金に替えて買い物をしようと思う。わたしはその心理を読んだのです。

消費が飽和し、あわててものを買わなくなったいまこそ理屈を捨て、心理を刺激したり、あたためたりする仕かけが求められるのです。

「理由あって安い」「理由あって高い」

前出のルディーさんによれば、同じ値引きでも、単なる二割引きでは消費者は信用してくれないが、「理由《わけ》あって安い」「理由あって二割引き」なら、消費者は「損はしない」と納得して買うといいます。そこで、わたしたちがメーカーと共同開発した高品質で価格も高めのオリジナル商品がお客様の支持を得た例を紹介したところ、「理由あって高い」という商品が登場したことに、共感を示されました。

その商品とは、ルディーさんと対談させていただいた二〇一一年初めの前の年の一二月に、サントリーと共同開発した缶ビールの例です。麦芽百パーセントで材料を厳選したセブン-イレブン限定の「穫れたて素材生ビール」は一缶二百三十八円（三百五十ミリリットル）と、缶ビールとしては高額な価格で発売しながら、売り場でも思いきってフェイスをとって大量に陳列し、ほかにはない高級ビールであることをアピールして販売したところ、たいへん好調な売れ行きを見せました。

こちらが自信をもってメッセージを発信すれば、お客様はその魅力を受けとめて買ってくれる。ルディーさんによれば、ここにも損失回避の心理が働くといいます。売り手が自信をもって商品をつくり、大きなフェイスをとって陳列し、接客や売り方の演出でよさをアピールすれば、お客様はその自信を感じとり、「これを買っても損はしない」と納得する。だから、先行きが不透明で不確実な時代こそ、しっかりとマーケティングを行い、知恵を絞って売っていくことが重要とのことでした。

お客様は「してもらった満足」より「されなかった不満足」を大きく感じる

損と得を同じ天秤にかけず、得られる利得より、失う損失のほうをより大きく感じる心理は、わたしたちの日常生活のいたるところで見られます。あいさつ一つとってもそうです。たとえば、若手社員が会社で自分より目上の人にばったり会ってあいさつしたとき、相手もヤアとかいって会釈してくれると、すごくうれしくなるものです。

ところが、たまたまその人が何か考えごとをしていて、無意識のうちに知らん顔をされると、相手はまったくそのつもりはなくても、無視されたように感じて傷ついたり、ずっと気になったりします。あいさつも「してもらった喜び」より、「してもらえなかった不満足」のほうがずっと大きく感じる。これはコンビニの店舗でのお客様と店舗スタッフの間でもまったく同じです。

あいさつだけではありません。店の品揃え、商品の品質、接客サービスの質……すべてについて同じことがいえます。ほしい商品がなかった場合、お客様はそのときは別の商品を買ってくれるかもしれません。しかし、商品があった喜びより、「なかったがっかり感」のほうがずっと大きく感じる。それが続くとお客様のロイヤリティ（忠実度＝継続して利用したいと思う度合い）はすぐに失われていきます。

また、ある弁当の味がいまひとつだったとします。おいしかった喜びより、「おいしくなかった不満感」のほうが大きく感じる。ほかの種類はどんなにおいしくても、セブン－イレブンの味はこの程度かと思い、信用を失っていくでしょう。お客様のロイヤリティを維持することが難しいのは、努力を積み重ねてお客様のロイヤリティを得ることができても、一度でも失望されれば、すべてが崩れてしまうからです。

わたしたちのグループが「変化への対応」と並んで、「基本の徹底」をスローガンに掲げ、特にセブン-イレブンにおいては「品揃え」「フレッシュネス」「クリンリネス」「フレンドリーサービス」の基本四原則、つまり、お客様がほしい商品をほしいときに揃えること、商品を常に新鮮な状態に保つこと、店内をいつも清潔な状態に保つこと、お客様に気持ちを込めて接客することを、日々全店舗で徹底するのは、お客様のロイヤリティを維持するうえで、基本中の基本だからです。

売り手にも損失回避の心理は表れる

得られる利得より、失う損失のほうをより大きく感じ、損失を回避しようとする心理は、売り手にも同じように表れます。そのことを示す興味深い例が、イタリアの経済学者が行動経済学について初心者向けにわかりやすく解説した『経済は感情で動く　はじめての行動経済学』(マッテオ・モッテルリーニ著　紀伊國屋書店)で紹介されています。なぜ、ニューヨークでは、雨の日にタクシーがつかまりにくくなるかという話です。

ニューヨークのタクシードライバーたちは、毎日の売り上げの目標額を決め、その額に達すると仕事を切り上げていました。雨の日は利用客が多くなり、短時間で目標額に達するため、いつもより早く仕事を終えてしまい、結果、タクシーがなかなかつかまらなくなる。雨の日はもっと長く働けば、より多くの利益が得られるはずなのに、現実は反対の働き方をしていたのです。それはなぜか。ドライバーはその日の売り上げが目標額に達しないと、それを損と考え、損を回避しようとして、より長く働く。でも結果はあまり稼げない。一方、雨の日はより長く働けば、利得が得られるはずなのに、目標額に達してしまうと、より長く働こうという積極的な態度はとろうとせず、結果、大きな機会ロスが生じてしまうというわけです。

ニューヨークのタクシードライバーと似たような行動は、店舗での商品の販売においても見られます。商品の販売において生じる損失には、売れ残りによる廃棄ロスと、その商品があれば売れたのに、なかったことにより生じる機会ロスがあります。機会ロスは、裏返せば、その商品が十分にあれば得られたはずの利得ということができます。

人間はもともと、利得より損失のほうを大きく感じるうえ、廃棄ロスは目に見え、どのくらい損をしたか数字にもすぐ表れます。それに対し、機会ロス、つまり、得られるはずの利得は直接的には目に見えません。そのため、売り手はどうしても廃棄ロスばかりに目を奪われてしまいます。そして、廃棄ロスを恐れ、回避しようとして、消極的な発注をしてしまうのです。

しかし、店頭に並ぶ数が少ないと、単品としてのアピール力が小さくなるため、お客様にその商品を認知してもらうことができなくなります。それが食べものであれば、店頭に二、三個並んでいても、お客様は「あまりもの」や「売れ残り」と感じ、逆に「選ばない理由」になってしまう。廃棄ロスを恐れた消極的な発注が廃棄ロスを生むという悪循環に陥り、やがて縮小均衡（需要が減少したら供給も減少させて均衡を保とうとする）の一途をたどるようになってしまうのです。

セブン-イレブンの場合、そうした悪循環に陥らないように行うのが単品管理です。

前にも述べたように、セブン-イレブンの店舗では、発注分担といって、オーナーや店長だけでなく、アルバイトやパートの従業員にも発注を任せます。扱う商品が約二千八百品目と多いこともありますが、スタッフの挑戦する意欲を引き出す意味合いも大きいのです。

人間はとかく自分のことになると保守的になるため、オーナーや店長は発注の際、保守的な心理に陥って、廃棄ロスを避けようとする方向に傾きがちです。これに対し、アルバイトやパートのスタッフは、責任を託されるとやる気が高まり、しっかり仮説を立て、思いきった量を発注し、自分の責任で売り切ろうと努力します。

彼らはある意味、素人同然ですが、「素人の目線」で普通の生活感覚で考えられるという点では、むしろ、お客様の心理を読むことができます。店舗経営のコンサルティングを行うOFCも、彼らの挑戦する意欲を引き出し、サポートします。

こうして、仮説を立て、積極的な発注を行い、結果を検証すれば、機会ロスになるはずだった利得が、売り上げの数字として「見える化」されます。すると、廃棄ロスよりも機会ロスのほうに目が向くようになり、それをより小さくしようとして、さらに積極的な発注が引き出される。大きなフェイスをとって陳列し、接客や売り方の演出でよさをアピールすれば、お客様はその自信を感じとり、「これを買っても損はしない」と納得する。

売り手が損失回避の心理から抜け出し、挑戦意欲をもって、積極的な姿勢をとれば、買い手も損失回避の心理から抜け出して、購買意欲をそそられ、積極的に手を伸ばそうとする。この好循環を徹底して実現しようとするのがセブン-イレブンで、それが全店平均日販の高さになって表れるのです。

17 「高・中・安」の商品があると「中」が選ばれる

価格の設定、すなわち、プライシングもお客様の心理と密接に関係があります。

セブン-イレブンでは、よく、「おにぎり100円セール」を行います。百六十円未満のおにぎりや手巻き寿司を全品百円で販売するセールです（百六十円以上の商品は全品百五十円に）。通常のおにぎりの販売価格は、たとえば、鮭まぶしいくら飯は百五十円、紅しゃけや辛子明太子は百三十六円、紀州南高梅は百十円、日高昆布は百五円と異なるため、100円セールのときの割引率はそれぞれ異なります。塩むすびはもともとが百円ですから、割引きなしです。それでも、セール時はおにぎりは飛ぶように売れます。

おにぎりのような小額の商品の場合、「全品二十％引き」のような比率表示より、「全品100円均一」のような金額表示のほうが、全体の割引率は低くても効くのでしょう。価格に対するお客様の反応も、経済合理性とかけ離れた不思議なことが多くあるのです。

わたしがよく例にあげるのは、羽毛布団と牛肉の例です。ヨーカ堂で羽毛布団を扱ったとき、値段に関して面白い現象が起こりました。初め、一万八千円と三万八千円の二種類を並べて販売したところ、一万八千円のほうが売れ、三万八千円の高級品は人気がありませんでした。ところが、もう一ランク上の値段の五万八千円の商品を置いた途端、逆転現象が起き、三万八千円の商品がいちばん売れるようになり、全体の売り上げも大きく伸びました。

なぜでしょう。初め、二種類だけを並べたときは、お客様は三万八千円の布団の価値を実感できず、一万八千円でも値段の割りには質は悪くなさそうだと価格の安いほうに価値を見いだしました。ここに一ランク上の五万八千円の商品が加わったことで、価値の比較ができるようになった。五万八千円の布団は確かに高品質だが、そこまでは必要なさそうだ。三万八千円の布団は五万八千円のより、質は少し落ちるが、一万八千円の布団よりこがよくできていて、上質そうだし、値段も五万八千円より手ごろだ。ならば、いちばん安い商品より値段は高くても、品質、価格の両面で納得できるものを買おうと考えたのでしょう。

つまり、お客様から見て、「上質さ」と「手軽さ」の二つの座標軸で商品をとらえたとき、羽毛布団も価格帯が二種類だけだと、高いほうの「上質さ」が実感できず、価格の

「手軽さ」のほうに価値を見いだした。そこに、より高額な商品が加わり、三種類が並んだことで、三万八千円の商品は「上質さ」の度合いが他の商品との比較で実感できるようになり、さらに、「上質さ」のなかにも価格の「手軽さ」が感じられて、スイートスポットのゾーンに入ったわけです。

牛肉の販売にしても、百グラム七百円ぐらいの商品が人気があるからといって、その価格帯だけを並べておくと、お客様は七百円の値段を高く感じ、購買意欲はそそられません。これに対し、五百円、七百円、千円の価格のものを揃えると、お客様は、五百円の牛肉は値段は手ごろだけれど、七百円のほうが品質はよさそうだし、七百円なら千円より手ごろな値段だと感じて、買ってもらえるようになります。

牛肉も七百円の商品だけが並んでいると、「上質さ」も「手軽さ」も感じられません。ここにより高額な商品と、より低額な商品が加わると、肉の「上質さ」と価格の「手軽さ」の両面から価値の比較ができるようになり、「上質さ」のなかに「手軽さ」も感じられて、スイートスポットのゾーンに入る。同じ羽毛布団、同じ牛肉なのに、品揃えと価格の設定次第で価値の感じ方が変わり、売れ方がまったく違ってくる。まさに、価格の心理学です。

ただ、矛盾しているように見えて、一貫しているのは、選択の納得性です。繰り返し述べたように、お客様は何を買うのかといえば、価値を買いたいのです。価格の安さも一つの価値ではありますが、安さだけで買うわけではありません。お客様はその商品について買うべき価値があると納得できる理由を求め、自分の選択を正当化しようとします。

羽毛布団の価格が三万八千円と一万八千円の二種類なら、安いほうを選ぶ人も、五万八千円の商品が選択肢に加わると、三万八千円のほうを選ぶようになる。明らかに矛盾していますが、買い手にとってどちらも納得できる理由があれば、矛盾しなくなります。同じ商品を何種類か並べて売るとき重要なのは、お客様にとって価値を比較し、選択を納得し、消費を正当化できるような価格の設定がされていることです。

18 成功のカギは「爆発点の理論」

セブン-イレブンの店舗では、明日の売れ筋について仮説を立てると、積極的に発注し、売り場でも思いきってフェイスをとって大量に陳列してアピールし、「これがおすすめの商品である」と自信をもってメッセージを発信します。すると、お客様もその自信を感じとって、商品に手を伸ばしてもらえる。ここには、人間の心理の「爆発点」もかかわっています。

水温が上昇して百度を超えると沸騰するように、人間社会でもある仕かけや働きかけが一定段階まで積み上がると突然、ブレークする爆発点があります。これは、お客様の心理にもあてはまります。何らかの働きかけにより認知度が一定レベルまで高まると、ブレークし、行動に表れるようになるのです。

商品の陳列も、単品あたりの陳列量が一定以上になると、お客様の認知度が一気に高まり、心理が刺激され、購買意欲が爆発点に達して手にとるようになります。たとえば、ヨーカ堂でリンゴを売るときも、長さ一・八メートルの六尺ゴンドラ（陳列棚）一本に並べるのと、思いきって二～三本使うのとでは売れ方が全然違います。逆に広いフェイスをとれば単品で五百枚は軽く売れる魚フライも、人気があるからフェイスが少なくても売れるだろうと思うと百枚も売れなかったりします。

この爆発点の原理で、記憶に強く残っているのが、セブン銀行のＡＴＭの利用件数です。

二〇〇一年に開業し、一年目、二年目は赤字が続きました。もともと、金融業界から「素人が始めても失敗する」「経営が成り立つはずがない」といわれていただけに、当事者たちは心配しました。一方、わたしはATMの利用状況を横から見ていて、利用件数が少しずつ伸び、いい方向に進んでいると感じていました。それは爆発点の原理を知っていたからです。

ATMを設置して採算が合うかどうかに関係なく、すべての店舗に設置し、提携する金融機関の数を増やしながら、チェーンとしての利便性を高める。この戦略を徹底して進めていったところ、お客様の認知度が次第に高まり、三年目を迎えたころからATM一台あたりの一日平均利用件数が急速に立ち上がって、ついに採算ライン（当時約七十件）を突破します。そして、ネット銀行など当時の新設四銀行のなかで唯一、金融庁が課した「三年以内の黒字化」を達成しました。

コンビニの店舗にATMを設置する方法では、銀行各行とATMを共同運営する会社をつくる方法もありましたが、困難でも自前の銀行をつくったことで、ATMの設置をすべて自分たちでコントロールし、爆発点を呼び込むことができたのです。

爆発点の原理は出版界でも、よく見られます。通常の単行本は初版が数千部でしょうが、これはいけると思った本は最初から万単位の部数を刷って、書店での露出度を一気に高め、メディアとタイアップしてアピールするなどして話題性を上げ、爆発点にもっていくことができます。

たとえば、第1章で登場した幻冬舎の社長、見城徹さんも機を逃さない仕かけを行っています。やり方はこうです。毎朝、ＰＯＳデータで自社の本の販売状況をチェックし、ある本の売れ行きが北海道地区で突然動き始めたとすると、二日後には北海道で新聞広告を打ち、その本を急きょ増刷して五日後には北海道の書店に大量に並べてもらいます。そして、地域の放送局が独自につくっている情報番組でもとりあげてもらって、露出量や情報量を思いきり増やし、認知度を一気に高めてブレークさせると、その動きを北海道から全国へと波及させるのです。

こうした機を逃さない、きめ細かな戦略を実施するため、印刷会社や広告代理店もあえて大手は使わず、自社が上位のクライアントになるような、中小規模のところを選び、機動的で小回りの利く対応をしてもらうといいます。戦略を立てるときには、自分の戦いやすい環境をつくるという見城さんらしい手の打ち方です。

もちろん、商品を大量に店頭に並べるのは、一つの挑戦であり、リスクをともないます。

しかし、リスクを恐れて、消極的な対応をとると、爆発点は起こせません。爆発点はリスクの向こうにあることを忘れるべきではありません。

19　セブンが一店舗もない県がある理由

店舗の出店の仕方にも同じように、爆発点の現象が見られます。セブン-イレブンは二〇一三年三月一日に香川県、徳島県に初出店するまで、四国には一店舗もありませんでした。セブン-イレブンもヨーカ堂も、創業以来、一定地域内に出店を集中させ、店舗ごとに商圏を隣接させながら店舗網を少しずつ広げていく「ドミナント（高密度多店舗出店方式」と呼ばれる出店戦略を続けてきました。

特にセブン-イレブンは、国内総店舗数が一万五千八百三十一店（一三年八月末現在）と一国内の店舗数としては世界最大の規模ですが、出店しているのは現在四十二都道府県で、青森、鳥取、愛媛、高知、沖縄の五県には一店舗もないほど、ドミナント戦略を徹底しています。同業他社が早くから全国展開をしているのとは対照的です。

一定エリア内に高密度で出店すれば、物流やシステム、広告、店舗指導等の各面での効率向上の効果が期待できます。弁当、おにぎりなど、商品の製造面でも、共同で商品開発するベンダーが出店エリア近くに専用工場をつくっても経営が成り立つため、品質に配慮した独自の商品をつくり、鮮度の高いまま配送できます。専用工場率は九十パーセントを超え、他チェーンと圧倒的な開きがあるのは前述したとおりです。

一方、ドミナント戦略は出店地域の消費者に対しては心理的な面で及ぼす影響が大きく、一つの爆発点を起こす仕かけになっています。

ある地域に出店すると、最初に利用した顧客から評判が口コミ感染的に広まります。続けて、まわりに何店も出てくると、地域全体のセブン-イレブンへの認知度が高まり、心理的な距離感がどんどん縮まって、利用率が上がっていきます。そのため、セブン-イレブンも、新しい地域に出店したばかりのころは、一店舗あたりの日販の伸びは緩やかですが、やがて出店数が増え、店舗密度が一定レベルまで高まると、お客様の認知度が急速に高まり、日販のカーブが立ち上がります。

一九九五年に大阪府内に進出したときも、当初は成績が伸び悩みましたが、店舗数が三百店を超えたあたりから集客力が急速に高まり、関西地域のコンビニ業界で平均日販のトップに立つことができました。

このように、小売業の場合、先に進出したから有利とは限りません。お客様は後発チェーンでも店舗のレベルが高ければ、そちらを選びます。実際、仙台では、コンビニ各チェーンのなかでセブン-イレブンは最後発でしたが、ドミナント戦略で出店を続けたいまは圧倒的なシェアをもつにいたっています。

セブン-イレブンの平均日販の高さは、さまざまな要因が関係していますが、「根底で下支えしているのはドミナント戦略」といっても過言でないほど、創業以来、ドミナント戦略に徹していることも大きく寄与しているのです。

20 「ペンシル型消費」の時代は「機会ロス」を避けよ

ある商品の売れ行きが突然動き始めたら、商品を一気に市場に投入し、広告を打ち、情報発信に注力して、爆発点にもっていく。幻冬舎の見城さんが行っているようなきめ細かな戦略は、消費者相手に商品を売るあらゆる業種で求められます。商品のライフサイクルがいまは、「ペンシル型」になっているからです。

わたしが流通業の世界に入ったのは、売り手市場の高度成長期のまっただなかでした。当時の商品ライフサイクルは商品が売れ始めて徐々に人気が高まり、ピークが続いて、まただんだんと売れ行きが落ちていくという「富士山型」のパターンでした。ライフサイクルが長いので、百貨店でよく売れた商品をスーパーが少し遅れて追随しても売れたため、ある意味、楽に商売ができました。百貨店で何が売れるかを見ていればよかったからです。

それが次第に買い手市場へと変わり、一九九〇年代になると、「茶筒型」へと変化していきました。売れ始めたかと思うとすぐにピークに達し、しばらくするとパタッと売れなくなる。最近では、ピークの期間がさらに短い「ペンシル型」になって、ライフサイクルが短命化し、人気商品の交代が激しくなっています。

そのため、よそが売れているのを見てから仕入れていたのでは、ニーズがピークのときに売り逃しを起こし、ピークが過ぎてから商品が大量に入ってきて売れ残ってしまいます。この売り逃し（機会ロス）と売れ残り（廃棄ロス）をいかに解消するかが、いまの大きな課題です。

ペンシル型のライフサイクルはコンビニの場合、より顕著に表れます。マスコミはよく、コンビニが次々と店頭の商品を短期間で入れ替えるため、商品の短命化をもたらしている元凶であるかのようなとりあげ方をします。しかし、もしコンビニが商品のライフサイクルの決定権をもち、次から次へと売れ筋商品をつくることができるなら、これほど楽な商売はないでしょう。

実態はその反対で、コンビニはペンシル型化が進む顧客ニーズの変化に歩調を合わせ、売れ行きが落ちて死に筋となった商品はすぐに店頭から排除し、新しい売れ筋を一気に投入しないと経営そのものが成り立たないのです。

周囲を見ても、人気のある店はペンシル型消費にいかに対応するか、腐心しているようです。たとえば、二十～三十代の女性に人気のあるＦｒａｎｃｆｒａｎｃです。運営するバルスの社長、髙島郁夫さんはこう話します。

「商品が大量に売れたので追加発注したら、その分が入荷したころにはお客様の関心は別の商品に移っていて、大量に売れ残るというケースがありがちです。ですから、どの辺がその商品のライフサイクルのピークかを見きわめ、旬のうちに売り尽くすようにしています。また、商品によっては、初めから五千個だけ売ると決めて追加発注しないものもあります。お客様は常に新しいもの、楽しいものを求めているので、それに応えるにはどうしたらいいかを考えなければなりません」

Ｆｒａｎｃｆｒａｎｃの場合、お客様の八割がリピーターで、月に一回は来店されるお客様が多いため、一カ月間同じ店舗では飽きられてしまいます。二週間くらいで、品揃えも売り場も変え、ペンシル型消費に対応しているといいます。

なぜ、富士山型から茶筒型、さらにペンシル型へと、商品ライフサイクルが短くなってきたのでしょうか。早稲田大学ビジネススクール教授の内田和成さんによれば、その背景には、「情報の伝達スピードが上がり、消費者の情報力が上がっていることがある」といいます。

かつては、流行に敏感な人がまず新しいものに飛びつき、そこからマーケットの大多数を占める一般消費者に情報が徐々に伝わっていったので、売れ行きのピークに達するまで時間差があり、売り手側も時間の余裕がありました。しかし、いまは瞬時に情報が行きわたり、時間差がないので、従来型の時間をかけたマーケット戦略がとれなくなっているというわけです。

ここで仮説と検証が非常に大きな意味をもってきます。お客様の潜在的なニーズはここにあると仮説を立てて開発した新商品や、あるいは、売れ行きのカーブに立ち上がる兆しが見えて、これが新しい売れ筋ではないかと仮説を立てた商品は、思いきって市場や店頭に投入する。同時に売れ行きの落ち始めた死に筋を排除する。ペンシル型消費に対して、ペンシル型のマーケティング戦略をとり、機会ロスと廃棄ロスを極力小さくしていく。

特に重要なのは機会ロスです。機会ロスが小さくなればなるほど、お客様はほしい商品をほしいときにほしいだけ手に入れることができ、売り手も多くの売り上げを得ることが可能になり、互いの利益を一致させることができるようになるのです。

21 「お客様に近づく」ための「接客」が重要

続いて、接客がお客様の心理に及ぼす影響について、お話ししましょう。

「積極的にお客様に近づくことが、いま何より求められている」。わたしは毎年、新年の仕事始めの際、「年頭のあいさつ」を全グループの社員に向けて発します。アベノミクスにより、株価上昇や円安傾向など、日本経済に明るい兆しが表れ始めた二〇一三年の正月の年頭あいさつで、わたしは「新商品の開発」と並んで、「接客」を最重要課題とする方針を社員全員に示しました。

アベノミクスにより、明るいムードが先行し、脱デフレの期待感は高まっています。しかし、国内の景気回復が進み、経済成長の結果として、多くの人々の収入が増加し、消費が本格的に回復するまでには時間を要します。わたしたちはそうした景気の回復を手をこまねいて待っているわけにはいきません。

そこで、新商品の開発を通じて、「上質さ」という新しい価値の提供をはかっていく。と同時に、接客に全力を注いで、お客様に商品やサービスの価値を伝え、「積極的にお客様に近づく」ことを強く求めたのです。

接客でまず大切なのは「基本」です。たとえば、セブン-イレブンでは基本四原則のなかに「フレンドリーサービス」が入っているように、お客様に気持ちを込めて接客することを基本中の基本にしています。四原則のなかでも、お客様がセブン-イレブンの店内に足を踏み入れたとき、印象的なのは店舗スタッフたちのあいさつの励行でしょう。

セブン-イレブンには、「接客六大用語」があり、お客様が来店したら、「いらっしゃいませ」、用事を頼まれたら、「はい、かしこまりました」、ちょっとでも待たせるようであれば、「少々お待ちくださいませ」、たまたま商品がなかったり、いわれたことに応えられなかった場合は、「申し訳ございません」、そして、お買い上げ後は、「ありがとうございました」「またお越しくださいませ」という、基本的なあいさつの励行を非常に重視しており、その実践も徹底しています。

また、セブン-イレブンの場合、毎日および週四～五回来店されるお客様が合わせて三十％、週二～三回のお客様が二十九％と、一人のお客様の来店頻度が高いのが特徴です。

常連客に対して、接客六大用語の繰り返しでは、単なるマニュアル店員になってしまいます。そこで、顔をよく見かけるお客様には、時間帯によって、「おはようございます」「お休みなさい」とあいさつを使い分けたり、出勤中なら「行ってらっしゃいませ」、帰宅途中なら「お疲れさまでした」と、お客様と従業員の距離感を短くし、親近感を高める努力をするようにしています。

この接客をよりレベルアップさせるため、二年ほど前から、本部が主催して、加盟店のオーナーや店舗スタッフのための「レジ接客研修」も始めました。一回の研修は約六時間三十分で、修了者には金色のネームプレートが渡されます。

この研修では、「目に見える接客」として、お辞儀の仕方に力を入れます。お客様が入店されたとき、「いらっしゃいませ」とあいさつしながら、おへそのあたりで両手を組み、三十度の角度で三秒間、お辞儀する練習を行います。

ある店舗のオーナーは研修後、自分の店はお客様を待たせないよう、スピードと効率を優先するあまり、お客様を接客する心が希薄になっていたことに気づき、スタッフ全員でお辞儀をしっかりとするように取り組んだところ、それまでなかなか減らなかったお客様からのクレームがみるみる減ったそうです。売り手側はお辞儀をしたつもりでも、それは形だけで、お客様からはそうは見えなかった。「積極的にお客様に近づく」という意識をもった接客がいかに大切か、物語るエピソードです。

いまのお客様は「迷っている」のではなく「確認したい」意識が強い

あいさつやお辞儀など、接客の基本を徹底したうえで、もっとも重要なのはお客様に商品やサービスの価値を積極的に伝えることです。「コミュニケーションとしての接客」を最重要課題としたのは、お客様の「確認したい」という欲求に応えるためです。

消費が飽和状態になり、現代の消費者は何を買っていいか迷っているといわれます。しかし、それは売り手側から見た見方で、「迷っている」というよりは、「確認したい」という意識が非常に強まっているように、わたしは感じます。「本当にこれはおいしいのか」

「値段は高いけれど買うべき価値があるのか」「これは安いけれど本当に大丈夫なのか」とお客様は確認したい。

モノ不足の売り手市場の時代には、売り手側の都合でつくれば、一方通行でもお客様は買ってくれましたが、いまは自分のニーズを本当に満たしていないと購買行動に移りません。だから、お客様は、売り手側が自分たちの求める価値を理解し、その商品が本当に自分のニーズを満たしてくれているのかどうか確認したい。つまり、選択を納得できる理由がそこにあるかどうかを確認したい。

別のいい方をすれば、売り手と自分が一方通行の関係ではなく、互いに情報と価値観を共有できているかどうかを確認したいのです。

「確認したい」という心理をもつお客様に対しては、まず、「確認してみるだけの価値があります」と語りかけるような新しい商品やサービスを生み出し、提供することです。そのためには、「二匹目のドジョウ」の発想から抜け出し、予定調和を崩し、新しい価値を生み出す。「手軽さ」と「上質さ」という二つの座標軸のトレードオフの関係で空白地帯を見つけ出す必要があることを、第1章で示しました。

次いで、お客様との接点である販売の第一線においては、新しい価値を伝えるために、積極的にお客様に近づいていく接客の重要性が、改めて見直されているのです。

この接客に関連して、第1章に登場したマーケティング・プランナーの辰巳渚さんは、お客様に対する「最後の一押し」という表現を使われました。かつてはアメリカ流に売り手側ができるだけたくさんの種類の商品を揃えておいて、お客様に好きなものを選んでもらうのがよしとされていました。スーパー業界が成長したのはそういう時代でした。

しかし、モノあまりの買い手市場が続くなかで、ほしいものが思いつかない、でも何か買いたいと思っている現代の日本の消費者は「選択することに疲れてしまっている」と辰巳さんはいいます。

そこで、お客様に対し、選択を納得できる理由を伝え、価値観を共有し、「最後の一押し」をするために、接客がこれまで以上に重要になっているのです。


接客で大切なのはお客様との「対話」


では、具体的にどんな接客をすればいいのでしょうか。

食べものの場合、この商品は本当に買っていただける価値があるとぜひわかってもらいたいと思うなら、お客様におすすめして試食してもらうのがいちばんです。セブン-イレブンでも接客に力を入れる店舗は、有力な新商品が出ると、試食や試飲を積極的に行います。もし、店側が「コンビニで試食は難しい」と思ったら、それは勝手な思い込みで、お客様にとっては、確認したいとき試食をすすめてもらえれば、一つのサービスになります。

ただし、そのとき、スタッフが上からやれといわれたからと、単にサンプルを皿に並べておいて、あとは気づいたお客様の十人か、二十人くらいが試食していくような形では何も伝わりません。一歩踏み込んで、ぜひ食べる価値があることをお客様自身の舌で確認してもらいたいと思って積極的に声かけをし、買うべき価値を訴え、百人、二百人に試食してもらって初めて意味があります。

声かけをするなかで、お客様から「これはおいしい」と評価する反応があったら、「おいしいでしょう。この商品はここに特徴があるんです」と、売り手としても共感し、価値観を共有すれば、お客様はその商品を選択していきます。試食もやり方次第で、結果に大きな違いが出ます。

接客とはお客様との一つのコミュニケーションのあり方です。仮にコミュニケーションのあり方にも、双方向のコミュニケーションにより価値や情報を共有する「対話」レベル、送り手側の都合だけで一方的に伝達しようとする「一方通行」レベル、送り手も受け手も盛り上がるが肝心なことは何も伝わっていない「漫談」レベル、送り手だけが送っているつもりで受け手は何も聞いていない「ひとり言」レベルがあるとすれば、同じ試食でも、お客様と「対話」ができるかどうかで、効果はまったく違うのです。

接客は新しいニーズも掘り起こせる

接客は双方向のコミュニケーションですから、お客様を認知し、何を求めているか、「お客様の立場で」考えることで、もしかすると相手も気づいていない潜在的なニーズや困りごとを見つけることもできます。

たとえば、コンビニの場合、冬、おでんを食べたそうに見ているお客様の視線に気づいたら、「いかがですか。温かいですよ」「とてもおいしいですよ」と声かけし、すすめてみる。お客様が高齢者であれば、フォークをつけることになっているパスタ類にも「お箸をおつけしましょうか」と割り箸を添えて渡す。レジでの袋入れ一つにしても、荷物が少し重くなりそうなら、相手によっては、「二つにお分けしましょうか」と分けて入れる。タバコを買いに来る常連のお客様には、銘柄を覚えて、「○○ですね」とすぐ商品を取り出して差し上げれば、「この店は毎回同じ銘柄をいわなくてすむから楽だ」と喜ばれます。

セブン-イレブンには、マルチコピー機といって、コピーやFAXなどのほか、コンサートや映画のチケットが購入できる装置があります。お客様に「映画のチケットを買いたいんだけれどどうすればいいのか」と聞かれたら、いっしょにタッチ画面で見ながら、「どんな映画をご覧になりたいんですか」とか二言三言交わしながら、操作していって、チケットを出して差し上げる。そのお客様が次にまた来店されたときに、「この間の映画観に行かれましたか、どうでしたか」と声をかけると、そこからまた会話がつながっていきます。

最近は町の書店が減り、コンビニが「近くの書店」の役割をしています。お客様が『文藝春秋』のような中高年向けの雑誌を買い求めに来られて、たまたま売り切れだったら、一歩踏み込んで、「よろしかったら、これから毎月、お取り置きしておきましょうか」とご案内する。コンビニの雑誌コーナーというと若い人向けの雑誌が多いのですが、遠くの書店まで足を運ぶのがたいへんな年齢層のための雑誌の取り置きという、新しいニーズを発見することもできます。それをきっかけに、セブン-イレブンの価値を知ってもらえれば、新しいお客様の開拓にもつながるし、同じ年齢層同士の口コミで評判も伝わっていきます。

「申し訳ございません、売り切れてしまいました」でもマニュアル的にはOKですが、マニュアル対応は、それで終わってしまいます。一歩踏み込んで、どうすれば次につなげていくことができるかを常に考えるのが接客です。

たとえば、小学生が平日の早い時間に何人も来店すれば、「あれ、今日は学校お休みなの」と声をかけてみる。何か行事の関係らしく、「明日も休みなの」という答えが返ってくる。ならば、小学生の子どもが明日も今日みたいにおおぜい来るなと読めたりする。お客様に声をかけることで、明日につながる情報も得られるのです。

接客の基本はコミュニケーションにあり、踏み込んで行うほど、相手からも情報が入ってくる。それが「対話」としての接客です。

試着をしたお客様には「他人の目」を代弁して接客する

商品が衣料品の場合、洋服売り場で試着したお客様には、どのように接客すればいいのでしょうか。その商品のどこに特徴があり、どこがファッション性に優れているか、言葉巧みに価値を一方通行で説明するばかりでは、お客様は売り手を自分のなかに入り込んできた「異物」と感じるかもしれません。

ここで、自分なりの共感を相手に示し、相手からも共感を引き出すという「対話」の能力が求められます。その際、大切なのは、試着したときの心理を、「お客様の立場で」くみ取ることです。人がおしゃれをするのは「自己差別化したい」という自身の精神衛生と、もう一つ、「まわりからもよく思われたい」と「他人の目」を意識する同調心理という矛盾した両面があります。

お客様が試着するのは、ある程度気に入っているからで、ならば、接客する側は「他人の目」を代弁する形で、「お客様はこれこれしかじかの特徴をおもちで、この服はここがトレンドでとてもいい感じでよくお似合いです」と自分の考えを示せば、お客様もお世辞かもしれないとは思いつつも、共感を得られたことに自分なりの感想などを話しながら、その気になっていきます。

もし、お客様が複数の選択肢で迷っていたら、「どちらもトレンドでファッション性がありますが、こちらのほうがこれこれの理由でよりお似合いですよ」と、アドバイスを提供すれば、お客様も自分に対して理解を得られたことに共感しながら、「ならば、こっちを買っていこうか」と意思を固めていくかもしれません。そして、買っていって、まわりから「いい服だ」とほめられれば、「あそこはいい店だ」とロイヤリティが生まれていきます。

ちなみに、試着については、損失回避の心理も働くといわれます。一度、試着して身につけ、自分なりに似合っていると思う。買おうかどうか迷いながらも、試着している自分を基準に考えて、買わずに帰った場合の損失を大きく感じる。そのとき、接客で売り手側がお客様に対して共感を示し、買うだけの価値があることを伝えれば、お客様も背中を押されるというわけです。

接客に求められるのは、応対のマニュアルやハウツーを超えた「対話」の能力やコミュニケーション能力です。人間は考える動物であり、心理で動く動物です。自分の考えに共感してもらえることがいちばんうれしい。相手の心理を読みながら、自分の考えを相手に示し、共感を生み出していく。それが成功に結びつくコミュニケーション能力の基本であり、「確認したい」と思うお客様への接客の原点です。

22 動物の「絞り込み」で成功した旭山動物園

商品の「絞り込み」がお客様に及ぼす心理的な効果についてお話しします。

現代の消費者は「選択することに疲れてしまっている」と前出の辰巳さんはいいます。ならばなぜ、お客様は、狭い店内に二千八百品目もの商品が並んだセブン-イレブンに入っても、選択することに疲れないのでしょう。選択に疲れないどころか、日販の高さが示すように、セブン-イレブンは商品の選択がしやすい品揃えや陳列になっています。それは多くの商品が並んでいるように見えて、商品の絞り込みが徹底されているからです。

限られた店舗スペースのなかで、弁当類などの主力商品については、仮説を立てて売れ筋商品を絞り込み、それぞれの商品ごとにフェイスを目一杯とってボリューム陳列を行っているのは前述したとおりです。本来売れ筋になるべき商品も、種類を絞り込んで十個以上置いたら十個以上売れるのに、絞り込まずに三個ぐらいしか置かないとお客様は見逃してしまい、あまり売れません。

たとえば、ソフト飲料を入れる冷蔵のリーチインケースも、一アイテムずつ横に並べていくと百五十アイテムくらい入るとしましょう。奥行き一列に何本も入りますから、お客様からの見た目で多くのアイテムを並べたほうが選択の余地が広がってよさそうに思いますが、本当は九十アイテムぐらいに絞り込み、売れ筋のアイテムはツーフェイスもスリーフェイスもとったほうが全体の売り上げが伸びます。

雑誌コーナーでは、あれだけ限られたスペースでも並べる雑誌を絞って、一つの雑誌に二〜三フェイスをとると、雑誌全体の売り上げが伸びます。

ヨーカ堂でも衣料品のブランドや品番を大幅に絞り込んだところ、売れ行きが上がりました。

商品を絞り込んだほうがお客様は選択に困らない

セブン-イレブンの場合、さらに二〇〇九年秋から、「近くて便利」という新しいコンセプトを掲げ、品揃えの大幅な見直しを行ったのは前述のとおりです。その際、単身世帯や高齢世帯の増加、女性の就業率の増加を背景に、スーパーまで行かなくても、近くのコンビニで買い物をすませられるよう、提供する商品のフォーカスを絞り込み、惣菜類の品揃えに力を入れました。特にセブンプレミアム・シリーズで少量パックのポテトサラダや肉じゃが、さばのみそ煮、ひじき煮など、食事づくりの手間や煩わしさを解決するミールソリューションの商品群を順次投入していきました。

明確なコンセプトのもとで、提供する商品のフォーカスを絞り込む。あるいは、売れ筋商品の仮説を立て、商品の種類を絞り込む。なぜ、お客様は絞り込んだほうが選択に困らないのでしょうか。

絞り込みとは別のいい方をすれば、お客様に対して「レコメンド（推奨）」することです。店舗というプラットフォームで、売り手としてレコメンドする商品を品揃えしていく。惣菜メニューにフォーカスを絞り込んだのも、スーパーに行かなくても、近くのコンビニで食事の用意ができるという生活の解決策を「新しい提案」として、レコメンドするためです。だから、お客様にとっては、提供される商品が明確に絞り込まれ、整理されるほど、価値がとらえやすくなります。

モノ不足で消費が旺盛だった時代は、店に商品を揃えておけば、お客様が必要なものを選んで買っていきました。しかし、モノあまりで、消費が飽和したいまの時代には、店のほうがお客様に合わせ、レコメンドする価値を絞り込んで提供する必要があるのです。

旭山動物園も種類を絞って展示を工夫し特徴を明確に伝えた

第1章と第2章で、閉園の危機を克服し、奇跡の変革を実現した旭山動物園の話を紹介しました。旭山動物園でも変革の過程で、動物の種類の絞り込みが行われています。以下は前園長の小菅正夫さんから伺った話です。
戦前から動物園はバラエティー豊かにいろいろな種類を飼育していることが評価基準であったため、一九六七年開園と歴史の浅い旭山動物園も古い形態に従ってスタートしたそうです。以前は百六十種、八百点ほどの動物がいたといいます。しかし、閉園の危機に瀕し、もう一度、動物園のあり方を問い直し、「命を伝える動物園」というコンセプトを新たな基本姿勢にすえて、改革に着手した。従来どおり、いくらたくさんの種類を飼育していても、ただケージに入れて並べていただけでは、来園者にそれぞれの特徴も違いも伝わりません。それで、種類を絞り込み、点数を減らしても、群れで生活する動物、単独で生活する動物、それぞれの特徴がもっともわかるような展示法、すなわち、行動展示に変えたのです。

小売業と動物園、まったく違う世界とはいえ、どちらもお客様を相手にするだけに共通するものがあるなと感じたのを覚えています。

商品を絞り込むため、お客様に提供する価値のコンセプトを明確にする、あるいは、お客様が求める商品の仮説を立てるとは、単にモノを売るのではなく、商品を通してどんなコトをメッセージとして伝えるか、お客様が共感できる意味を考えるということです。お客様がそれを感じとれば、その商品を選ぶ理由を直感できます。

繰り返しますが、わたしたちが商品を提供するときに忘れてならないのは、お客様に対して選ぶ理由を提示できているかどうかです。それは「お客様の立場で」考えなければわかりません。種類をたくさん置けば、お客様に喜んでもらえると考えるのは、コンセプトを打ち立てることもできなければ、仮説も立てられない売り手の勝手な思い込みにすぎないのです。

23 「恵方巻」の流行が示したネットの使い方

最後に、本格的なネット時代が到来したなかでどのようにお客様と接していけばいいのか。アプローチの仕方について考えてみましょう。

ヨーカ堂のような総合スーパー（ゼネラルマーチャンダイズストア＝ＧＭＳ）は、かつては食品も、衣料品も、家電製品も、なんでも揃え、手ごろな値段で提供することに価値を感じてもらえました。いまでは専門店や量販店が次々生まれ、業界内では各社が次々と経営破綻していき、経営を維持したイオンとヨーカ堂の大手二社も業績がいまひとつ伸び悩んでいます。

百貨店も多彩な商品を扱う業態ですが、業界の売り上げはピーク時の一九九一年の九兆七千億円から二〇一二年には六兆一千億円へ、六十三%にまで縮小しました。どの百貨店も同じ取引業者が同じような商品をもってきて陳列し、店側は単なる場所貸しになっている。差別性がなく、以前のような価値がなくなってしまったのです。

その一方で、この十年間で大きな伸びを見せたのがインターネット通信販売です。最近五年間を見ても、二〇〇八年には市場規模（消費者向け電子商取引）が六兆一千億円だったのが、二〇一二年には九兆五千億円と百貨店をしのいでいます。

本格的なネット時代の到来するなかで、確実にいえることは、「ネットを制したものがリアルも制する」ということです。ネットとリアル、両方の動きを見ると、それがすでに現実のものとなろうとしています。

ネットで新しいニーズを発掘するような商品を発信すれば、いまの消費者は身につけるアパレル類もなんの躊躇もなくネット上で購買します。その一方で、ネット上で気に入った商品の情報を見つけると、リアル店舗に行き、自分の目で直接確認して購入する動きも活発化しています。リアル店舗をもつ流通業界では、ネット上で消費者に情報を提供し、リアル店舗での購入を促す施策を積極的に仕かけ、来店客を伸ばす動きも盛んになっています。これは、オンラインからオフラインへお客様を導くという意味で、「O2O（オンライン・トゥー・オフライン）」と呼ばれるようです。お客様がリアル店舗で商品を見て購入を検討し、価格より安いネット通販で購入する「ショールーミング」とは逆の動きです。

ネットとリアルを結びつけるやり方としては、ほかにもいろいろあります。まだ世のなかに知られていない優れた商品を発掘して、ネット上で実験的に販売し、ニーズの高い商品を見きわめてリアル店舗での販売に移行させることも可能です。

ネット上ではお客様が居ながらにして商品を選び、購入することができるので、リアル店舗より早く商品に対する反響が返ってきます。そこで、ネット上でどんな商品が売れているか、情報を察知すれば、リアル店舗でその商品をより幅広いお客様に提供していくことが可能になります。

また、ユーザーからネット上で発信された情報をもとにして生まれた斬新な新商品をリアル店舗で売り出すことも考えられるでしょう。

よく、ネット社会になって、ネットでの販売が増えると、リアルからネットへお客様が流れ、その分、リアル店舗での販売が減ってしまうと考えがちです。しかし、現実の動きは必ずしもそうではなく、ネットで戦略的なマーケティングを充実させ、発展させることで、その成果をリアルの店舗に広げていくという発想がますます重要になっているのです。

オムニチャネルといって、小売業やメーカーがリアルとネット、すべてのチャネルを連携させてお客様にアプローチする考え方が注目されているのはそのことを物語ります。

目指すのはリアルとネットを融合した新しい小売業です。それはリアルとネット、両方のチャンネルをもって初めて可能になります。このとき、お客様、売り手、メディア関連の事業者……等々、さまざまな当事者を結びつけるインフラになるのはリアル側ではなく、間違いなくネット側になります。だからこそ、ネットを制したものがリアルの流通も制することになるのです。

ＡＫＢ48と恵方巻の共通性

リアルとネットの融合は、さまざまな世界で見られます。わたしは芸能界については詳しくないのですが、秋元康さんと対談させていただいた際、ネットの活用についての考えを伺ったところ、いまや国民的アイドルとして不動の地位を得たＡＫＢ48も「リアルとネットの両輪」で広まったことを知りました。

ＡＫＢ48は秋葉原の劇場で活動を開始しました。昔なら、口コミで広まるのに相当時間を要したのが、いまは面白いことがあれば、ネットでまたたくまに広まり、それがまた、リアルな劇場空間の観客動員につながる。ネットとリアルを行ったり来たりすることで、ＡＫＢ48の話題がどんどん広まっていったといいます。ＡＫＢ48も、ネットとリアルの融合が生んだアイドルというわけです。

いまも秋元さんが総合プロデュースするＡＫＢ48のメンバーが出演する番組は、地上波ではなく、ネットの光回線向けの映像配信サービスで放送しているそうです。ちなみに、セブン＆アイ・ホールディングスでネット通販を手がけるセブンネットショッピングのＷｅｂサイトには、「ＡＫＢ48オフィシャルショップ」があり、人気サイトになっています。

ネットの活用に関心の深い秋元さんが、リアル店舗とネットの両面をもっているわたしたちのグループの強みとして着目されていたのが、恵方巻の全国への普及でした。恵方巻は、節分のときにその年の縁起のよい方角（恵方）を向いて無言でまるかぶりすると幸運が舞い込むとされる太巻き寿司です。もともと関西を中心に行われていた習慣で、関東などその他の地方にはありませんでしたが、いまではすっかり、全国津々浦々で、節分の定番のお寿司として定着しました。

ことの始まりは一九八〇年代末の広島県のセブン-イレブンで、恵方巻の風習を聞いたOFC（店舗経営相談員）の発案で一部の店舗で販売したのが発端でした。翌年より販売エリアが広がり、一九九五年には関西以西の地区に、そして、一九九八年以降、全国のセブン-イレブンで「縁起のいい風習」としてお店で紹介しながら、恵方巻を販売するようになります。この全国展開の原動力になったのが、ネットでの情報の拡散でした。

「あの愉快な食べ方を面白いと感じた人が、ネットを通じてあっというまに全国に広めてしまった。そういう力が（ネットには）あると思います。ネットはこれからもっと面白いことができる。大きく取り組むことで、いままでにない新しいことが生み出せると思います」

と秋元さんは話します。ネット空間とリアル店舗のコンビニの全国チェーンが融合すると、一部地域の食文化が短期間で全国レベルの定番年中行事へと広がることに興味をもったようでした。ネットとリアルの両輪が回ると、一気に人気の爆発点に到達する。関西の習慣だった恵方巻、秋葉原の小さな劇場での活動から始まったＡＫＢ48、いずれもネットの力を実感させてくれます。

ネット時代の新しい買い物のスタイルとは?

本格的なネット時代が到来し、オムニチャネル化が進むなかで、これから先、消費者はどんな購買行動をとるようになるのでしょうか。世のなかが変化しても、消費そのものはなくなりません。ただ、新しい買い物のスタイルが出てくることは確かです。第1章で登場した一橋大学大学院教授の楠木建さんがあるエピソードを紹介します。

楠木さんには百歳になる祖母がいて、毎日、買い物に行くのを楽しみにしているそうです。ただ、リアル店舗での買い物の場合、やはり自分でもてる量には限りがあるので、買いたいものがいろいろあっても、自分のもてる量以上は買えません。このとき、ネットとリアルが融合していれば、高齢者であっても、そうした物理的制約なしに買い物を楽しめるようになるのではないか。ネットが登場したときは、ネットとリアルは何か対立軸のように考えられていましたが、買い物をするのは同じ人間なので、融合していくのは自然の流れであり、その一つのあり方としてネットスーパーを例示されました。

ヨーカ堂ではインターネットで注文を受け付け、既存店舗から主に個人宅まで注文商品を配達する宅配サービスを二〇〇一年から開始し、実施店および対象エリアを順次拡大してきました。当初は赤字が続き、「ネットスーパーが黒字になることはない」と否定論もずいぶん聞かれました。それでも、需要は必ず伸びてくると考え、サービスの充実に力を入れてきました。それはお客様の心理を読んだからです。

ネットで注文した場合、商品を選ぶのはその店舗の各売り場の担当者です。もし、商品がお客様の期待に沿わなければ、二度と利用してもらえません。担当者はプロとして自信をもっておすすめできる商品を選びます。いままでリアル店舗での買い物では、商品選びはお客様側の役割でした。それがネットスーパーで注文すれば、商品のことをよく知っている売り場のプロが代わりに商品を見定めてくれ、宅配されて買い物の時間が節約できる。ならば利用しようと思うのが人間の心理です。ネットスーパーを利用し、期待以上の商品が宅配されれば、その店に対するイメージも上がり、ストアロイヤリティが高まり、好循環が生まれます。

その努力は次第に結実していきました。そして、ネットスーパーに進出している各社ともなかなか利益が出ていないなかで、ヨーカ堂では全実施店で完全黒字化を達成しました。ネットスーパーは、ネットとリアルが融合した結果、お客様にとっては選りすぐりの商品と時間の余裕の両方が手に入るという一つのイノベーションが実現し、売り手にとってはリアル店舗のもつ強みをより鮮明に示すことができた事例といえます。

リアル中心からネット中心へと、流通の構造がいま、根本から変わろうとしています。この変化に対応するには、エネルギーをリアルからネットへと大きく転換していかなければなりません。それはリアルの世界で長く仕事をしてきた人々にとっては容易ではないでしょう。それでも、踏みとどまらずに進み続けなければなりません。ネットスーパーの取り組みのように、大きな転換だからこそ、地道な努力の積み重ねが何より重要です。

時代の転換期には目指す方向を見定め、新しいことに着手したら、一つ一つ努力を積み重ねていく。すると、加熱した水が沸点に達するように、ある時点で必ず爆発点に到達し、壁をブレークスルーすることができます。

ネットとリアルが融合するなかで、消費者はこれからも、消費を正当化し、選択を納得できるような消費行動をとっていくでしょう。ネットとリアルの両輪で、いかにお客様の心理をとらえる仕組みや企画、アイデアを打ち出していくか。売り手としてすべきことは、ネット社会においても基本的には変わらないことを忘れるべきではないでしょう。

第4章　「本気」の人にチャンスはやってくる

24　「伝わらない」のは「存在しない」のと同じ

「伝わらないのは存在しないのと同じ」とは、アートディレクターの佐藤可士和さんがよくいわれる言葉です。

ここで、セブン-イレブンが、当代きってのアートディレクターである佐藤さんにデザインのトータルプロデュースをお願いすることになった経緯について、簡単にお話ししましょう。「売る力」を語るとき、デザインの力、そして、デザインを通したコミュニケーションの力の大切さは避けて通ることのできないテーマだからです。

佐藤さんと初めて出あったのは、二〇〇九年秋に『四季報』で対談をさせていただいたときでした。わたしは以前から、小売業にとって、新しいものを生み出すと同時に、新しい価値をいかにお客様に伝えていくか、コミュニケーションが非常に重要になっていると考えていました。ところが、わたしたちのグループのコミュニケーションの取り組み方を見ると、アピールの仕方に全体感がなく、単発に終わっていて、なかなかブランドの価値が伝わらず、ブランドイメージを確立するまでにはいたっていませんでした。

日ごろの問題意識をお話しすると、佐藤さんもまったく同じ考えをおもちで、ご自身のクライアントであるファッション専門店が海外進出した際のお話を披露されました。

単に海外に店舗をオープンするだけでなく、「最先端のリアルな東京カルチャーを発信するメディアになる」「自分たちが日本代表として出店する」というコンセプトのもと、佐藤さんは広告やPRの戦略、商品、パッケージや陳列の仕方はもとより、店内のサイン（案内表示）、レシート、ハンガーから、床の材質やごみ箱にいたるまで、どんなデザインのものを使うか、ご自身ですべてに目を通したといいます。そこまで統一感を追求して初めて、お店に入って一目でどういう店か理解してもらえるようになったとのことでした。

確かに、デザインは目に見えるものなので、コミュニケーションが速く、影響力は非常に大きいものがあります。その話を聞いて、わたしは佐藤さんの優れた感覚に共感し、「この人だったら新しいアイデアを提供してもらえるのではないか」と思い、セブン-イレブンを進化させるために力を貸してほしいと、デザインのトータルプロデュースをお願いしました。

佐藤さんは非常に忙しい方で、わたしたちの申し出を受けて時間が割かれれば、その分、他のクライアントの仕事にも影響が出るかもしれません。それでも、そのクライアントのトップの方が「セブン‐イレブンの仕事ならやってはどうか」と後押ししてくださったこともあって、引き受けていただくことができました。

当時、セブン‐イレブンでは、おにぎりや弁当、パン、惣菜などのオリジナル商品やPBのセブンプレミアム、セブンゴールドの商品は、ブランドのロゴやパッケージのデザインがバラバラでした。ロゴは、あるものはセブン&アイ・ホールディングスの、あるものはセブン‐イレブンの、あるものはセブンプレミアムのといった具合に混在していました。

そこで、商品を全面リニューアルするとともに、佐藤さんの力を借りて、これらのデザインを統一し、売り場全体でブランド価値を再構築し、お客様に再認識してもらうブランディングプロジェクトを二〇一〇年二月から一年がかりで進めました。

その過程で、いかにセブン‐イレブンはお客様に価値を伝え切れていなかったか、佐藤さんご本人によって痛感させられることがありました。あるとき、セブン‐イレブンの弁当を試食した佐藤さんの口から意外な言葉が飛び出したのです。

「ところで、この弁当はどこの仕出し屋がつくっているのですか」

セブン‐イレブンではチームMD（マーチャンダイジング＝商品政策）といって、弁当メーカーのベンダーとチームを組んで共同で開発し、これまでも品質の改善改革を積み重ねてきました。だしをとるためのかつお節も、専門業者から「コンビニがここまでやるのか」と驚かれたほど、製法にこだわります。ところが、コンビニに強い関心をもっていたという佐藤さんにも、価値を伝え切れていなかったのです。

商品の「個と全体」という構図でいえば、これまではそれぞれの商品について、「個」の弁当としてしか考えなくて、「セブン-イレブンとしての弁当」という感覚がなかった。いや、みんな、自分ではあるつもりでいました。しかし、弁当にはロゴマークもついていなければ、パッケージも全部違っていて、結局、バラバラでブランドの価値もイメージが伝わっていなかったのです。

根底に流れるフィロソフィをデザインで伝える

セブン-イレブンのデザインのトータルプロデュースをお願いする際、わたしが佐藤さんの話のなかでいちばん共感したのは、次の言葉でした。

「ブランドデザインは根底に流れるフィロソフィがないとできません」

ブランディングとは、ブランドの存在意義や本質的な価値を整理し、明確化し、的確なコミュニケーションで伝えることです。お客様の側も、個々の商品は違っても、ロゴやデザインが統一されていることで、背後にある売り手のメッセージを感じることができる。そのため、いかに伝え方のテクニックが巧みでも、基本的な考え方があいまいなままでは、本質的なものは伝わりません。

だから、「根底に流れるフィロソフィ」が重要になる。自分たちのフィロソフィがしっかりしていれば、表面的な伝え方を超えたところでお客様とのコミュニケーションを結ぶことができる。佐藤さんの言葉はコミュニケーションの本質を見事についていました。

そのフィロソフィとは、本書でこれまで、変わらない「視点」と呼んできたものと重なります。

同じ考えは、Ｆｒａｎｃｆｒａｎｃを運営するバルスの社長、髙島郁夫さんもおもちでした。バルスでは「ＶＡＬＵＥ ｂｙ ＤＥＳＩＧＮ（デザインによって新たな付加価値を創造する）」という理念を掲げています。髙島さんによれば、「ここでいうデザインとは、単に商品の形だけではなく、サービスやお客様とのコミュニケーションなどすべてを包含する、会社の芯ともいうべき考え方」だといいます。

お客様の日常のさまざまな生活のシーンに、会社としてトータルで価値を提供することを基本理念とする。Ｆｒａｎｃｆｒａｎｃの人気の高さは、目に見える商品デザインを通した理念への共感によるものなのでしょう。

これから先、セブン-イレブンはどうあるべきか？

セブン-イレブンも創業以来、フィロソフィともいうべき確固たる信念をもって経営を続けてきました。ブランディングプロジェクトが始まると、わたしは佐藤さんと二人だけで何回も話し合い、その信念をすべてお話ししました。さらに、ロゴやデザインにして具現化するため、井阪隆一社長以下、現場部隊も入ったミーティングは一年間で三〇回を超えました。佐藤さんもこれほどミーティングを行うクライアントは初めてだったようです。

実際、新デザインの報道発表（二〇一一年五月）の場で、佐藤さんは一年間にわたるブランディングプロジェクトについて、「セブン-イレブンの確固たる信念をブランドマークで表すプロセスだった」と振り返っておられました。

セブン-イレブンの確固たる信念とは、お客様にとっての「あるべき姿」をひたすら追求することです。お客様にとって「当たり前」のことを、自分たちにとって不都合であっても当たり前に実践する。そのため、売り手の立場で「お客様のために」と考えるのではなく、常に「お客様の立場で」考える。お客様にとっての「当たり前」は常に変化するため、「真の競争相手は同業他社ではなく変化する顧客ニーズである」と考え、絶えず変化に対応する。わたしが常日ごろ発している言葉は、すべて、その信念を表現したものです。

二〇〇〇年代半ば、コンビニ業界全体の業績が伸び悩み、「市場飽和」がマスコミばかりか、同業他社のトップの口からもささやかれたのは前に述べたとおりです。それに対し、わたしたちは「変化に対応すれば市場飽和はありえない」と一貫して反論しました。

こうしたなかで、わたしたちが突きつけられたのが、「これから先、セブン-イレブンはお客様にとってどうあるべきか」という課題でした。セブン-イレブンは当初から、「あいててよかった!!」のコピーどおり、近くにあっていつでも開いているという時空間の利便性を提供し、若い層を中心に強い支持を受けました。

開業から三十年以上経過し、その間、少子高齢化が進み、一世帯あたりの人数はどんどん減ってきました。女性の就業率も年々高まってきました。日本の生活環境やマーケットの変化を見すえ、自分たちはどんなお客様に、どんな商品やサービスを提供していくべきか、改めて問い直す。そこで、「あるべき姿」として掲げたのが、「今の時代に求められる『近くて便利』」というコンセプトだったのです。

そのコンセプトは、これから先の道筋を示すビジョンともいうべきものでした。多くの企業とおつきあいのある佐藤さんに、伸びる会社とそうでない会社の違いについて聞いてみたところ、こんな答えが返ってきました。

「いちばん大きな違いは、ビジョンがはっきりしているかどうかだと思います。伸びる会社というのは、わたしのところにご依頼になる以前に、すでに自分たちがどういうことをしたいのかという点がスパッと見えていて、それをどういう形で外部へコミュニケーションしていけばいいかを相談したい、そういうケースが多いように思います」

わたしたちの依頼はまさにそうでした。一年間に及ぶブランディングプロジェクトを経て、二〇一一年五月から、オリジナル商品、ＰＢ商品の全面リニューアルと並行して、新ロゴ、新パッケージの展開が始まります。

お客様にとってどうあるべきか、自分たちのあり方を問い直すところから始まった改革は、デザインという大きな力を得て結実します。二〇一一年度の既存店売上高伸び率は六・七パーセントと前年の二・二パーセントをさらに上回り、全店平均日販も前年より四万円増えて約六十七万円となり、成果は業績の大きな伸びとなって表れたのでした。

第４章では本書のまとめとして、お客様にとっての「あるべき姿」に近づくための日々の取り組みの大切さについて述べたいと思います。

25　便座カバーを置かないインテリア専門店

「会社の芯」や理念を大切にするバルスの髙島さんとの対談で、非常に印象に残る話がありました。Ｆｒａｎｃｆｒａｎｃはインテリアや雑貨の専門店ながら、便座カバーは絶対に置かないというのです。以下は髙島さんが話されたその理由です。

「わたしたちの店は、生活になくてはならないものを売っているわけではないので、行くだけでワクワク、ドキドキする、楽しいと思ってもらえる店づくりをしなければなりません。ですから、楽しいもの、夢のあるものを売るという自分たちが決めた枠を守り、生活感が強いものは売らないと決めています。たとえば、便座カバーなどは、売り場に置けば必ず売れるとわかっていますが、けっして売りません。お客様がわたしどもの店に求めていない商品で売り上げを上げても、意味がないと考えるからです」

そして、決めの言葉としてこう話されたのです。

「目先の百万円の売り上げのために、将来の一億円を失うことがあってはならない。その点はこだわりをもってやってきました」

目先の百万円のために、将来の一億円を失ってはならない。Ｆｒａｎｃｆｒａｎｃが便座カバーを置かないという話はとても教訓的です。

人間は、得られるはずの長期的な利益が大きくても、実感できるまでに時間がかかった場合、その時間によって大きさが割り引かれてしまい、目先の短期的な利益のほうを大きく感じてしまう傾向があります。

たとえば、わたしたちは健康体を維持するために運動をします。運動は、長期にわたって効果が得られ、感じとるものです。そのため、運動は今日やったからといって、すぐに効果が表れるわけではないし、実感もできません。一方、運動すれば、エネルギーは消費され、疲れます。しないほうが楽です。運動をすることによって得られる健康体という長期的な利益は大きくても、その効用の評価は時間によって割り引かれてしまい、楽なほうの目先の利益を大きく感じてしまう。

セブン‐イレブンで行う単品管理も運動と同じで、コンビニが健康な経営を維持するためには不可欠です。お店へ買い物に来られたお客様がいちばんがっかりするのは、買いたい商品が品切れしていることです。そうならないため、単品管理に日々取り組み、経営の筋肉を鍛え、健康体にする。お客様がほしい商品がほしいときにほしいだけある状態に限りなく近づくことでブランド力が高まり、長期にわたって継続的に利益が得られるのです。

単品管理をしたからといって、すぐに経営の筋肉がつくわけではありません。運動を続けるのがたいへんなように、単品ごとに仮説と検証を行う単品管理を続けるのも簡単ではありません。そのため、ややもすると、廃棄ロスという目に見える損失のほうに目を奪われ、それを避けて短期的な利益を確保しようとする方向に流れてしまいがちです。しかし、安直な方向に流れるのは、運動するとエネルギーを使うし、しないほうが楽だから、ジッとしていようと考えるのと同じ理屈です。

経営の筋肉が鍛えられていけば、前は到達できなかった水準に到達できるようになり、今度はさらに高い水準へと進んでいこうという意欲がわきます。それが運動の効果であり、健康な経営です。その健康さはお客様に必ず伝わります。対照的に、経営の筋肉があまり鍛えられていない店はそれが店の雰囲気に表れます。

もちろん、単品管理をしっかり行っても、機会ロスを百パーセントなくし、廃棄ロスも百パーセントなくすような完璧な売り方は現実にはできないでしょう。来店されたお客様ががっかりすることがないように品揃えすると、結果的に多少の廃棄は出ます。

それは家庭でも同じでしょう。たとえば、親二人、子供二人の家庭で食事の用意をするとき、毎回、ぴったりの量をつくることはまずありえないでしょう。親としては、子供に十分に満足してもらおうと、多少あまり気味につくるでしょう。

コンビニの場合もお客様に本当に満足してもらおうと思ったら、多めの発注を仕かけていくのは、当然のことです。それがお客様にとっての「あるべき姿」です。そのかわり、廃棄を最小化するため、仮説と検証を繰り返して単品管理を続け、経営の筋肉を鍛え、発注精度を上げていく。この努力をしなければ、経営の筋肉は衰えていくだけです。

26 コークもスーパードライも売り上げ日本一の理由

便座カバーを置かないFrancfrancのように、目先の利益より、長期的なブランドイメージを大切にしていくと、結果として、お客様との間でどのような関係性を結ぶことができるのでしょうか。

たとえば、セブン‐イレブンはコカ・コーラの販売量が日本一多い小売店です。ビールのスーパードライも同様です。コカ・コーラにしろ、スーパードライにしろ、どこで買っても商品は同じです。しかも、安売りもしていないのに、なぜ、お客様はセブン‐イレブンで買うのでしょうか。

少し前の話になりますが、創業三十年を迎えた二〇〇四年の春から、セブン‐イレブンがしばらくテレビで流した一風変わった企業イメージCMのシリーズを覚えているでしょうか。

「目的―気分」編はこんな内容です。女性店員が店先で掃除していると、一人の男性客がやってきます。一瞬立ち止まり、「何、買いに来たんだっけ……」とたずねます。「気分、じゃないですか」と店員は答えます。男性客は「ありがとう」と礼をいい、それだけで帰っていく。最後に一つのコピーが映し出され、視聴者にもこう問いかけます。「あなたにとって、セブンとは?」。

「777」編はレジでの会計の場面です。「合計七百七十七円でございます」と店員から金額を聞いて、「ラッキー」と男性客が喜びます。すかさず、「おめでとうございます」と店員が応えます。一瞬、間があって、「あなたにとって、セブンとは?」のコピーが浮かび上がります。

「三番目の星」編はメルヘン調でした。カップル客の男性のほうが店内からウィンドウごしに夜空の星を指さし、「右から三番目の星を彼女にあげたいんですけど」と〝注文〟します。「配達に少し時間がかかりますけど、よろしいですか」と店員が聞くと、男女は顔を見合わせ、「大丈夫です」と女性客が答えます。「あなたにとって、セブンとは？」。

コンビニを利用するお客様は日々、いろいろな気持ちや思いを抱きながら、それぞれの生活を営んでいます。「あなたにとって、セブンとは？」と問われたとき、自分の生活の物語のなかにセブン-イレブンがごく一部分でも知らずに組み込まれていることに、視聴者もふと気づく。

この企業イメージCMを発案したのは、わたし自身でした。同じものを売っているのに、なぜ、お客様はセブン-イレブンで買うのか。答えはこのCMのなかにあります。

創業以来、わたしたちは一貫してお客様にとっての「あるべき姿」を追求してきました。三十年目の節目に企業イメージCMをつくろうと思ったのは、逆に一人ひとりのお客様に、「自分にとってセブン-イレブンって何だろう……？」と、それぞれ身近にある店との関係性をもう一度、想起してもらおうと考えたからです。

そのとき、心に浮かぶ思いが店に対するロイヤリティです。コカ・コーラの販売量が日本一多いのも、このロイヤリティによるものです。

どうせ買うなら、いつも行きつけのセブン-イレブンで買おう。なぜかあの店のほうが買いやすいので寄ってしまう。それがお客様のロイヤリティです。昼休みになって、特に意識せずにセブン-イレブンに足が向き、店頭で新商品の弁当を見て、瞬間的に「食べてみよう」「おいしいに違いない」と直感して手を伸ばすのも、ロイヤリティがベースにあるからです。特に買うものはないのだけれど、セブン-イレブンの前を通ると寄ってしまう。それもロイヤリティでしょう。

セブン-イレブンで行われるあらゆる活動、あらゆる努力はお客様のロイヤリティを高めるためにある。その結果、他のチェーンを大きく上回る売り上げや利益が出る。店舗ではオーナーやアルバイト、パートのスタッフたちが、本部では社員たちがセブン-イレブンで仕事をすることができてよかったと思い、お取引先はセブン-イレブンと取り引きしてよかったと思う。企業イメージCMはわたしたち自身にとっても、この原点をもう一度確認する意味があったのです。

「変わらずにおいしいね」といわれるために変わっていく

お客様のロイヤリティを高めていくには、常にお客様の立場に立ち、お客様の心理をつかんだ店づくりを行っていかなければなりません。質の高い商品を日々開発し、仮説を立てて店頭にお客様の求める売れ筋商品を大量に揃え、陳列、声かけ、試食など買っていただくための演出を工夫する。商品の鮮度、接客・サービス、店舗の清潔さ……等々、お客様のロイヤリティを得るのは容易ではなく、一つ欠けても成り立ちません。

しかし、それ以上に難しいのは、一度得たお客様のロイヤリティを維持していくことです。なぜなら、お客様は期待度をどんどん増幅させていくからです。

お客様は常に百点満点のレベルを求めます。売り手側がそれを上回る百二十点の商品を出せば十分満足してもらえます。しかし、お客様の欲望は常に増幅するため、求める百点満点のレベルは、次は売り手にとって百二十点の水準に上がります。そこで、百四十点の商品を提供するとお客様は満足します。

お客様は期待した以上の価値を感じて初めて満足する。その期待度は一定ではなく常に増幅し、食べものならば以前は「おいしいもの」のレベルが次は「当たり前」になり、やがて、「飽きるもの」に変わる。

だから、暑い季節には飛ぶように売れる冷やし中華やざるそばなど、コンビニのロングセラー商品も、実は毎年、質を高め、味を微妙に変え、レベルを上げています。セブンプレミアムも現在、千七百品目に及びますが、定期的にリニューアルを行います。たとえば、カレールーのリニューアルでは業界トップのハウス食品と組み、試作を七回重ねた後、試作品をモニター宅に送り、実際につくってもらって食卓で食事として食べてもらい、改良するテストを五回繰り返しました。リニューアル版は売り上げを一・五倍に伸ばしました。リニューアルの際、共同開発するメーカーを変えることもあります。

大手の食品メーカーでも、ロングセラー商品については常に味を変え続けることで、長くお客様に支持されている例が多く見られるようです。

成長著しい企業では、常に自分たちのレベルを上げる努力をしています。たとえば、青山フラワーマーケットを運営するパーク・コーポレーションの社長、井上英明さんは、それを「エレベーション（高めること）」と呼び、次のように話しています。

「お客様にどんなに喜んでいただけた成功事例があったとしても、それと同じことをしたのでは、二度目はお客様にはさほど喜んでいただけません。ですから、手を替え、品を替えて、お客様の期待を上回るサービスを提供し続けることが重要です。それにチャレンジし続けなければ、成長はありません。わたしは『エレベーション』という言葉が好きで、自分を高めるために生き、自分が高まるから世のなかにもいろいろな貢献ができるのだと考えています」

エキナカの商業空間で人気の高いエキュートも、普通の商業施設と違い、お客様が毎日朝夕二回必ず通る駅という場所にあるため、何も変わらないと飽きられてしまいます。立ち上げ人の鎌田由美子さんによれば、お客様を振り向かせるため、常設店での商品の改廃だけでなく、店内のフリースペースを使い、自分たちで企画販売などのアイデアを練り上げ、二週間から一カ月単位でイベントを展開して、常に売り場に変化をつけているということでした。いわば日常的な小さなリニューアルです。

味を変えたり、リニューアルしたり、サービスのレベルを高めていることを、お客様は気づかないかもしれませんし、変えたことがわかる必要もありません。いつ食べても「おいしい」、いつ利用しても「心地いい」と思ってもらえればいい。つまり、売り手側が変わり続けることで、お客様には変わらず満足してもらえる。

逆にいえば、お客様に「変わらずにおいしい」と思ってもらうために、自分たちが変わっていくのです。

変化はリスクをともないますが、いまの時代、変化しないほうがリスクが高いのです。

お客様に対し常に「プラスオン」し続けることができるか

自分たちが変化していく際に、わたしたちが常に心がけなければならないのは、常に何かをプラスオン（付加）し続けることです。食べものであれば、よりおいしく、より鮮度をよく、各種サービスであれば、使い勝手をより高めていく。お客様にとって今日の満足は明日は当たり前になる。明日の満足のためには、常にプラスオンされたものが求められる。プラスオンの積み上げこそが大事なのです。

セブン-イレブンの足跡はその繰り返しでした。お客様がセブン-イレブンに求めたものは当初は、近くにあっていつでも開いている利便性でした。それが公共料金などが気楽に払い込める利便性へと広がり、さらにはＡＴＭの設置により、お金をいつでも預け払いできる金融機関としての利便性へと広がりました。

「近くて便利」というコンセプトを掲げてからは、利便性の幅が大きく広がりました。各店舗で取り組んでいるご用聞きや宅配のサービスは、少子高齢化が進む日本で、特に高齢者層のお客様が来店せずにサービスを享受できる利便性です。最近は、店内のフライヤーで揚げるコロッケやから揚げなどの売り上げが好調で、四十〜五十歳代の主婦層が夕方にまとめ買いする傾向が見られます。これは家族の夕食用のおかずをつくる時間を節約できる利便性へと広がったことを意味します。

セブン-イレブン店舗で商品の受け渡しを行うネット販売では、ワインは三千銘柄のなかから選び、通常、注文後四日でお取り寄せができます。これほどの在庫をもつ専門店があるでしょうか。これはいわば、ネット販売を〝仮想のワインセラー〟として使っていただく利便性です。

二〇〇九年秋からは首都圏の店舗に設置のマルチコピー機で「ぽけかる倶楽部」という日帰りツアーや体験イベントの旅行商品などの販売も始めました。これはいわば〝旅行のATM〟です。さらに、一〇年二月からはマルチコピー機に住民基本台帳カードをかざすと住民票の写しや印鑑登録証明書を受けとれるサービスを開始しました。これは〝各種証明書のATM〟といえるでしょう。いまは、社会問題化している自転車事故の増加に対応するため、高額賠償もサポートする自転車向け保険の申し込みがマルチコピー機でできるようになりました。〝保険のATM〟です。出張先の地図をマルチコピー機から引き出せる〝地図のATM〟もあります。

これらのサービスはいずれも、もともとはお店の外にあったもので、それを取り込み、プラスオンしたことで、お客様に「コンビニは変わらず便利だ」と思ってもらえるわけです。

潜在的な需要は常に店の外にあります。お客様は次はどんな利便性を求めているか。提供する価値の範囲を広げる努力を怠ったときにお客様のロイヤリティを失うことになるのでしょう。

27 経営者が陥る「成功の復讐」とは？

売り手は常に変化し続けなければならないといわれれば、「そのとおりだ」といい、自分なりにそれができていると思っている。別にいい加減に仕事をしているわけではなく、むしろ真面目に取り組んでいる。ところが、現実には過去の経験に縛られたまま、市場のニーズやお客様の期待度の変化に対応できていない。結果、成果に結びつかず、自分でも理由がわからない。そんな人も多く見られます。

人は成功体験から多くのことを学びます。そのなかでも困難を乗り越えた自信や苦労いとわない信念といった普遍的なものはとても大切です。ところが、それ以上に、ハッピーな結果とそれをもたらした方法のほうがセットで刷り込まれてしまう。そして、次も同じやり方をしようとする。過去の成功体験から抜け切れない人間は、なかなか、お客様や市場の変化に対応できません。何よりもいちばんの問題は、当の本人がそれに気づいていないことです。

第2章に登場した早稲田大学ビジネススクール教授の内田和成さんは、過去の成功体験が「よいパラダイム」として人や組織に染み込んでいると、変化に直面したとき、その成功体験に足を縛られてしまうことを「成功の復讐」と呼んでいます。そして、人の思い込みがいかに根強いものか、『パラダイムの魔力』という本からダイバーの事例を紹介されました。

ダイバーが潜っているとき、水深五十メートルほどの深さの海底にビールのバドワイザーの缶が落ちていて、赤いロゴマークが目立ったので、すぐ目に入ったという話です。実はそのくらいの水深だと、光の屈折の関係で赤い色は見えないはずなのです。しかし、ダイバーの頭のなかで「バドワイザーのロゴマーク＝赤」と結びついて刷り込まれているため、見えないはずの赤が見えてしまった。より正確にいえば、本当は濃いグレーに見えるものがグレーに見えず、赤に見えてしまった。それほど人の思い込みは強い。そのため、過去の思い込みでマーケットを見ていると、本当の現実が見えず、現実を見たいように変えてしまう可能性があるという話でした。

この「海底のバドワイザーの缶ビール」をお客様や市場の変化に置き換えると、過去の経験に縛られる人のことがよくわかります。変化に対応できない人は、変化を見ようとしないわけでも、見ることができないわけでもありません。見ようとしても変化が見えないのです。過去の経験がつくり出したフィルターがいつも目にかかっていて、フィルターを通すとマーケットの変化が消えてしまうのです。一生懸命やってもずれるのは当然です。

たとえば、日本人を相手に日本語で弁舌鮮やかに話をしたらみんな耳を傾けてくれたとします。しかし、どんなにいい話でも中国へ行って日本語のまま話したらまったく通じませんから、別の伝え方を考えなくてはなりません。いまのマーケットはそのくらい劇的に変化しています。ところが、フィルターがかかっている人は、相手が中国人に変わったことがわからず、これまでと同じに見えて、日本語で話してしまう。それで反応がないと、今日の観客は話の面白さがわからない客だと責め始めるわけです。二度と観客は集まらないでしょう。内田さんのいう「成功の復讐」です。

あるいは、秋から冬にかけて、ある朝、気温が一気に五度も、六度も下がることがあります。これほど急激な変化に対しては、一枚服を多く着るぐらいの対応をしないと風邪を引いてしまうのに、感覚にフィルターがかかっているとそこまで神経が行き届かず、ランニングの下着を半袖のＴシャツに替えたくらいで自分も変わったつもりになっている。

しかし、いまの時代、少しずつ変わるのは変わっていないのと同じです。

一歩先の「未来」から振り返って「過去」を問い直す

「成功の復讐」にはまらないためにはどうすればいいのでしょうか。過去の経験に縛られると、思考や感覚にフィルターがかかってしまう。とすれば、発想の方法を逆転させるしかありません。一歩先の「未来の可能性」や「あるべき姿」を描き、そこから振り返って、過去や現在を問い直し、やるべきことに踏み出していくことです。

たとえば、二〇〇七年五月にセブンプレミアムの発売が始まったあと、わたしがセブンゴールドの開発を提案すると、当初は開発メンバーたちの反応は否定的でした。セブンプレミアムは、低価格訴求の既存のＰＢとは異なり、質を追求した結果、ＮＢ商品と同等以上の品質をその実勢価格より安く提供することを実現し、「上質さ」と「手軽さ」を両立させ、ヒット商品になりました。

わたしが発案した高級版はレストランや専門店と同等以上の品質を手ごろな値段で提供するというコンセプトで、価格はかなり高めになります。これに対し、「価格を高くすると売れないのではないか」というのが否定的な理由でした。

既存のPBの概念を打ち破った開発メンバーでさえも、セブンプレミアムの成功体験に縛られ、いつのまにか、「PB商品＝NBより安い価格で買える商品」という固定観念が生まれ、思考にフィルターがかかってしまったのです。

一方、わたしは別の発想をしました。セブンプレミアムで質を追求したのは、不況下であっても、価格の安さより、質のよいものを求めるお客様が増えていたからです。ならば、より上質な新しいものを提供すれば、お客様は必ず買うはずだ。自分たちのPBの一歩先の「未来の可能性」を描き、そこから振り返って、いまのPBのあり方を問い直し、やるべきことに踏み出していこうという発想でした。社内の反対を押しきって開発に踏み切ったセブンゴールドは専門店をもしのぐ味のよさが好評を博し、いまではセブンプレミアムと並ぶ、二枚看板に成長しています。

同じように、「もっとおいしい食パンをつくろう」と、一歩先の「あるべき姿」から振り返って、いままでの食パンのつくり方を問い直し、プラスオンをして生まれた金の食パンが大ヒットしたのは、前に述べたとおりです。

過去の経験の延長線上で考えると、「これまでこうだったのだからこれからもこれでいいだろう」と、積極性の乏しい冷めた意識になりがちです。一方、未来から発想すると、「こうありたい」「こうあるべきだ」という思いが前面に出るため、主体的な意識になります。どちらが本来的な生き方でしょうか。

わたしは長く事業の最前線に立ってきた一人の人間として、ビジネスにかかわるすべての人たちに、常に一歩先の「未来の可能性」や「あるべき姿」に目を向けることを強く望みます。それが一人ひとりの仕事の成果に必ず結びつくと信じて疑わないからです。

28　チャンスのために用意する「三枚のカード」

みんなが思いつかないような新しいものを思いつくには、どのように情報を集めればいいいのか。

セブンゴールドも、金の食パンも、わたしの発案です。キャッシュバックキャンペーンや現金下取りセールも、わたしの案を実行してもらいました。弁当、おにぎり、麺類、おでん……等々、いまではコンビニにあるのが当然となった商品をまわりの反対をおして発案したときもそうです。

わたしはよく、どうしてそんなこと思いついたんだと聞かれるのですが、特に意識的に情報を収集しようとしているわけではありません。なんとはなしに情報がどこか頭のなかのフック（釣り針、かぎ）に引っかかっているのです。

クルマのなかでラジオをかけっぱなしにしたり、テレビを見たりしているときに印象に残った情報が無意識のうちにフックされている。社内でいろいろ話をするときも、こういうことがある、ああいうことがあったと情報が入ってくるなかで、これはと思う情報がフックにかかる。

簡単な話、誰でも自分の興味や趣味に関する情報は無意識のうちに取り込んでいるはずです。どこでどんなことが起きているか、ほかの人が関心を寄せない情報も入ってきます。

逆に、わたしの場合、芸能関係の話などはあまり関心がないので、聞いても別に引っかかりません。仕事に関する情報も同じで、自分の関心があることは自然とフックにかかってくるものです。それがふと何かのとっかかりになるのです。

ヒットメーカーである幻冬舎の見城徹さんからも同様の話を伺いました。歌手の郷ひろみさんの著書で百万部のミリオンセラーとなった『ダディ』という本が生まれるきっかけの話です。見城さんは郷さんとその十年前から交友関係があったものの、本を書いてほしいテーマがなかなか見つからず、また、郷さんからいくつかテーマを示されても決定的なものに欠けていたそうです。

ところが、ある日、いっしょにゴルフをしている最中に、郷さんから「離婚を突きつけられ、自分としてはたいへん苦しい」という話が出た。そのとき見城さんは、「これだ」と直感的に思い、「書くことで苦しさから救われることになるかもしれないよ」と提案した。三日後に、離婚にいたる経緯を書き始めることを約束し、以降、郷さんは本を書いているうちに離婚を受け入れられるようになっていったといいます。

ゴルフをしているときの何気ない会話が出版のきっかけになったことを、見城さんはトランプゲームにたとえて、「たった一回訪れた決定的なカードのチャンスをものにした」と語っていました。たった一回のチャンスをものにできたのも、常日ごろ、見城さんの頭のなかに関心のフックが用意されていたからでしょう。そこに郷さんの話が引っかかった。

一方、作家から「決定的なコンテンツ」を引き出す場合、見城さんは編集者として常に三枚のカードを用意し、チャンスが訪れたときにそのカードをすかさず切り出すのだそうです。たとえば、見城さんが独立して幻冬舎を立ち上げたとき、以前からおつきあいのあった石原慎太郎さんがわざわざ雑居ビルにあったオフィスに来て、「俺がまだ何か役に立てることがあれば何でもするぞ」と激励してくれたそうです。見城さんは間髪を入れず、「私小説として石原裕次郎さんの生涯を書いてください」と、三枚のうち、一枚のカードを切った。石原さんはそれまでに多数の小説を書いていましたが、私小説は一遍も書いていなかった。そこで、「石原裕次郎という弟を描くことを通じて、石原慎太郎という作家の新生面が見たい」とお願いした。それは、ミリオンセラーの『弟』となって結実します。二枚目のカードは別の機会に、「老い」をテーマにした執筆を依頼し、これも『老いてこそ人生』というミリオンセラーになった。三枚目はまだ実現していないといいます。

見城さんは作家と向き合うときは、あらかじめテーマを決めたフックを三本用意しておくことで、ほかの人が見逃してしまうような決定的なチャンスをものにしていくのでしょう。

秋元康さんも同様です。「新しい企画は会議室に集まって考えても出るものではなく、仕事仲間と食事をしているときの雑談や会議の合間の何気ない会話、普段の生活のなかで面白いと感じたことから生まれる」「面白いアイデアのきっかけは本当にささいなことが多い」と秋元さんはいいます。常に関心のフックが頭のなかでいくつも用意されているから、これと思うネタがかかるのでしょう。

たとえば、秋元さんがニューヨークへ初めていったとき、いちばん驚いたのは、アイスコーヒーにガムシロップがついてなくて、客が砂糖をアイスコーヒーに入れて、じゃりじゃりとずっとかき混ぜていたことだったそうです。なぜガムシロップがないのか不思議に思うと同時に、何か理由があるのではないかと思った。その理由を調べていって面白い発想に結びつけていく。それが秋元さんの発想法です。

バルスの髙島さんも時間を見つけては、日本での仕事から離れて、ニューヨーク、ロンドン、パリなどの街の情報を定点観測的に自分の目で直に見て、感じとっているという話を第2章で紹介しました。その情報も、特に商品の情報ではなく、社会の動きやファッションのトレンドを感じとります。髙島さんも普通の生活者としての視点で海外の街を歩くと、頭のなかのフックにこれはと思う情報がかかり、そこから、お客様が次はどんな新しいものを求めるか、「仮説」を導き出すのです。

わたしたちは売り手として日々の取り組みのなかで、常に顧客ニーズを探っていかなければなりません。そのため、情報が氾濫する現代社会にあって、ややもすると、「常に最先端の情報をとらなければならない」とか、「情報の流れに取り残されてはならない」といった気負いをもってしまいがちです。結果、逆に情報に振り回され、本当に必要な情報がとれていなかったりする。あるいは、日々多くの情報に接しながら、過去の経験や常識にとらわれた固定観念や思い込みがあるため、本当に重要な情報を見逃したりします。

大切なのは、自分とかかわりのあるものごとに常に関心を持ち続け、フックをどれだけもてるか、そして、その針先を鋭くしておけるかです。

それには、頭を常に白紙にしてなんの思い込みももたず、「明日の顧客は何を求めているのだろうか」という問題意識を心のなかにもち、「何か新しいことができないだろうか」と挑戦する意欲を持ち続けることが何より必要です。それがフックになる。問題意識も、挑戦する意欲もなければ、いくらまわりに情報があっても、何も引っかからず、情報にならないでしょう。

29 「当たり前」をつづけて「非凡化」する

本書では、わたしがこの五年ほどの間に対談をさせていただいた方々のお話を随所でご紹介しました。どなたも第一線で活躍され、それぞれに大きな成果を出している一流の方々ばかりです。では、どのようにして成果を導き出したのか。印象的だったのは、余人が思いつかないような奇抜なことを行うというよりは、どの方も、どちらかといえば地道な努力を、ただし人並み以上に積み重ねられていたことです。

幻冬舎の見城さんは、独立する前は大手出版社に在籍されていましたが、その出版社のブランド力で作家に作品を書いてもらう楽な方法をとらず、その出版社では書かないという作家にあえて原稿をお願いするという、まわりが「無理」「不可能」「無謀」と思うことに挑戦することに自分の存在価値があると感じていたそうです。では、どうやって、それを可能にしたのか。見城さんが話された方法は実にシンプルなものでした。

「その作家の作品はすべて読み、相手の心に届くような手紙を書き続け、この人となら組みたいと思ってくれるまで、徹底的に努力してきました。五木寛之さんには二十五通目にして、やっと会ってもらえましたが、そのときにはすでに信頼関係ができていました」

意中の作家の信頼を得るために、作品をすべて読む、手紙を書き続ける。「当たり前」のことを当たり前に実行していることがわかります。

本書でたびたび登場していただいた佐藤可士和さんもそうです。アートディレクターの仕事というと、何か新しいイメージを自分のなかから創造し、それをクライアント企業や商品に結びつけるといった印象があります。しかし、セブン-イレブンのブランディングプロジェクトで、佐藤さんといっしょに仕事をさせていただきながら見たその仕事の仕方は、実に地道なものでした。

まず、わたしたちクライアントの話をひたすら聞く。わたしも二人だけで何回もお会いし、じっくりお話をさせていただきました。その話のなかからクライアントのもっている本質的なものを引き出し、読み取る。それをもとに自分の考えをきちんとまとめる。それをクライアントにわかりやすく伝える。「当たり前」のことを当たり前に実行する。そのため、プロジェクトのスタートから統一のデザインが生まれるまで、実に一年をかけたのです。

「『当たり前』とは『あるべき姿』のことで、いわば理想形です。『当たり前』のことができるのはものすごくレベルの高いこと」とは、佐藤さんの言葉です。

見城さんと佐藤さんに共通するのは、誰にとっての「当たり前」なのかを常に考えることと、「あるべき姿」の軸がブレないこと、そして、「当たり前」のことを当たり前に、しかし、徹底して実行していることです。自分の都合の範囲内での「当たり前」ではなく、相手にとって「当たり前」のことを愚直なまでに積み上げていくのです。

「当たり前」のことを徹底して実行し、積み重ねていくと、あるとき爆発点に達し、非凡化する。非凡化することで、大きな成果に結びつく。典型がセブン‐イレブンです。

赤飯おこわおむすびをつくるため、全国各地のセブン‐イレブン専用工場に赤飯のためだけの蒸す設備を新たに設置したのも、焼きたてのパンを提供するため、店舗の近くに専用のパン工場をゼロから立ち上げたのも、そうすることがお客様にとって「当たり前」であり、「あるべき姿」だったからです。

創業当初、製パンメーカーに正月も製造を求めたことがありました。正月も営業する以上、新鮮なパンを提供したいと思うのはコンビニエンスストアとしては当然のなりゆきでした。しかし、製パンメーカーの社長からは、「正月まで社員を働かせるのか」「社員に正月と盆に休みをとらせることは経営者の責任だ」と猛反発されました。担当者が社長のもとに日参して、交替制で社員の休暇と工場の稼働とを両立させることはできないかと説得を重ねましたが、交渉は難航しました。労組の委員長にも頼みましたが打開しません。戻ってきて肩を落とす担当者に、わたしはこういいました。

「ぼくらはもともと素人集団だ。原点だけは見失わずにいよう」

担当者は再び通い始め、「おいしいパンを毎日お客様に提供したい」という「当たり前」の思いを伝え続けました。粘り強い要請がようやく受け入れられ、一号店開業翌々年の一九七六年の正月から店に新鮮なパンを並べることができました。

セブン銀行を設立する際も、セブン-イレブンの店舗にATMを設置する方法では、銀行各行とATMを共同運営する会社をつくる別の案もあり、そのほうがはるかに容易でした。しかし、共同運営方式では、ATMを設置すると、そこは銀行の支店や営業所の扱いになるため、設置箇所を自分たちだけでは決められません。一方、自前の銀行ならば、すべてコントロールできます。どちらが、お客様にとって利便性を高めるうえで「当たり前」の方法であり、「あるべき姿」なのか。周囲からいかに「不可能」「非常識」「失敗する」といわれようと、進むべき道は明らかでした。

東日本大震災のときも、支援物資を被災地へ送り届けながら、「救援」と同時に、最優先で取り組んだのは現地の機能の一日も早い「復旧」でした。セブン-イレブンで発売する弁当やおにぎりなどのデイリー商品は特に緊急時には多くの人々に必要とされる商品です。デイリー商品を製造するベンダーの工場も多くが被害にあいました。

そこで、震災の影響を直接的には受けていない新潟・北陸地区の工場で製造した商品の一部を東北の被災地へ振り向け、新潟・北陸地区には長野・山梨地区から補充するといった玉突き方式で商品供給を確保する。同時に、被災地の配送センターを順次再稼働。地震発生から二週間後の三月二十六日からは従来どおり、おにぎりや弁当類の一日三便の通常体制の再開にこぎつけます。それが、現地のお客様にとっての「当たり前」であり、「あるべき姿」だったからです。コンビニ業界では圧倒的な復旧の早さでした。

それが可能だったのも、専用工場の割合が他のチェーンと比べ、圧倒的に高かったからですが、専用工場を多くもつのも、それが「当たり前」のあり方だからでした。

セブンプレミアムは、既存のPBの常識を打ち破って、NBをもつ一流メーカーと組み、メーカー名もパッケージに明記しました。従来は、発売する流通企業名のみで、メーカー名は明記しませんでした。「メーカー名を書くとPBではなくなる」と業界ではいわれました。しかし、お客様は製造元を知りたいはずです。ならば、売り手の都合より、お客様にとってどうあるべきかを考え、PBの概念を変えようと、明記を決めたのです。

セブン-イレブンの各店舗で毎日実践している単品管理も、お客様がほしい商品がほしいときにほしいだけあるという「あるべき姿」に限りなく近づいていくための絶え間ない努力です。「品揃え」「鮮度管理」「クリンリネス」「フレンドリーサービス」をけっして怠らないのも同様です。

こうして、お客様にとって「当たり前」のことを当たり前に徹底して実行し、積み重ねていくと、あるとき爆発点に達し、非凡化する。コンビニの店舗はどのチェーンも一見同じように見えて、セブン-イレブンの全店平均日販が約六十七万円と、他の大手チェーンと十二〜二十万円の開きがあるのは、一つ一つの地道な努力の積み重ねによる非凡化の成果にほかならない。だから簡単に差が縮まらないのです。

目の前の石垣を一つ一つ積んでいかなければ、いくら先を眺めても仕方ない

ものごとを決断するとき、あらゆる角度から掘り下げ、メリットとデメリットを検討し、複雑な思考をする人もいるでしょう。いろいろな条件を見つけ出してきては、あれはできるが、これはできない……等々、考えに考えを重ね、結局決断できなかったりします。

一方、わたしはというと、難しいことを考えるのが面倒くさいタイプで、だから、目の前の課題を一つ一つ片づけるときも、別にそんなに頭をひねって考えたり、悩み抜くというのはあまり得意ではありません。だから、頭を白紙にして、どちらがいいだろうと素直に考えて、「当たり前」のことをやる。それだけです。

ただ、決断の仕方はシンプルでも、お客様にとって「当たり前」のことは、売り手にとっては不都合である場合も多く、実行は困難がともなうことも少なくありません。それでも、大切なのは目の前の課題に対し、その都度、一歩踏み込んで挑戦し、一つ一つ片づけていくことです。わたし自身、その考え方でこれまでずっときました。

もちろん、将来的な目標を見すえて邁進するという仕事の仕方もあるでしょう。ただ、目の前の石垣を一つ一つ積んでいかなかったら、いくら先を眺めてもしょうがない、というのがわたしの考え方です。

相撲取りも一番一番、サッカーの選手も一試合一試合、全力で戦い勝つかどうかです。優勝という成果はそのなかから現れてくる。成果というものは常に結果として出てくるのです。わたしも長くこういう仕事をやっていて、思ったとおりの成績が出れば、挑戦しただけの価値はあったなといちばん心穏やかです。ただ、一つ一つのことに全部満足していたら、次に何もできなくなってしまいます。

毎日が瀬戸際と思い、目の前にある一段一段を、一歩踏み込みながら上り続ける。それが人生だと思います。

30 大ヒット「金の麺」開発の秘話

目の前の課題を一つ一つ片づけていく。その際、成功するかどうかは、多分に運にも左右されます。運は偶然の部分がかなりありますが、本当にすべてが偶然なのでしょうか。

たとえば、セブンゴールドのシリーズで二〇一三年五月に発売された初の高級袋麺「金の麺」は、一つの幸運から生まれました。開発の経緯はこうです。

共同開発を行った東洋水産には、「マルちゃん正麺」という、乾燥麺ながら生麺に近い味で人気が沸騰した大ヒット商品があります。二〇一一年十一月の発売から一年で累計出荷数二億食を達成。麺の風味を封じ込める独自の製法を五年かけて開発することに成功し、商品名には「これこそ正しい麺、理想のラーメンの完成形」の思いを込めたそうです。いわば、自分たちの「夢」を実現した東洋水産を、ある日、セブンプレミアムの開発メンバーの一人が訪ね、大胆にもこんな申し出をしました。

「マルちゃん正麺を超えるような最高の商品をうちのPBでいっしょにつくらせていただけませんか」

そのメンバーは日ごろから非常に意欲的で、「ただ、ときに無鉄砲なところもある」というのが部内での評判だったようです。その無鉄砲さが先方からNB商品には使っていない別の独自製法を引き出します。麺を長時間かけて熟成させ、生麺のような食感を生み出す方法で、熟成に手間がかかるためNB商品として量産は難しいものの、PBの生産量なら可能ということでした。セブン-イレブンで先行発売された金の麺は、ヨーカ堂での発売分が不足してしまうほど、好調な売れ行きを見せました。

訪問した東洋水産に、たまたまNB商品には使われていない秘蔵の技術があったことは、その開発メンバーにとって、とても幸運なことでした。ただ、その幸運は、すでに大ヒット商品を生み出したメーカーに、それを超える商品をPBでつくってほしいという、一歩踏み込んだ挑戦をしなければ、引き出せなかったのも事実です。

「運というものは誰にも平等に訪れているのですが、日ごろからの圧倒的な努力があって初めてその運がつかみとれるのだと思います」とは、幻冬舎の見城さんが語っていた言葉です。見城さん自身、「あなたは運がいいね」といわれることがよくあるそうです。確かに、郷ひろみさんや石原慎太郎さん、五木寛之さんとのエピソードはそう感じさせます。ただ、自分では「運ではなく、人の百倍努力してきた」と思っているといいます。

わたしが対談させていただいた方々のなかに努力で運をつかんだ例がありました。たとえば、旭山動物園の行動展示が実現するまでの道のりです。一九八〇年代後半に閉園の危機に直面してから、「自分たちはどうあるべきか」と存在意義を問い直し、予算がないなかで、飼育係が担当する動物について自分の言葉で来園者にガイドをする、給餌風景を見せる、手書きＰＯＰの説明書きをつくる、親子動物教室……等々、地道な努力を積み上げました。園長に就任した小菅正夫さんは、行く先々で動物園の大切さを訴え続けました。そして、一九九〇年代半ば、「命を大切にする社会をつくりたい」という理想を抱いていた市長が当選し、たまたま小菅さんたちのことを知った。出あいの場が設けられた日、小菅さんは仲間と描いてずっとあたためていた理想の動物園のスケッチを持参しました。市からの資金援助を得て、旭山動物園の再生が始まります。

「同じ額の予算がついても、それまでの努力がなければ、いまの旭山動物園は生まれなかった」と小菅さんはいいます。

幸運は挑戦して努力するものにのみ訪れる

わたし自身、いろいろな場面で運に恵まれました。トーハンの弘報課にいた二十代後半、『新刊ニュース』の誌面改革を実現した話を紹介しましたが、これも運に恵まれました。改革を提案しても、直属の上司である部長や担当役員は、まったく取り合ってくれませんでした。

それでもわたしはどうしてもあきらめることができず、意を決して、たまたま弘報課の隣にあった企画室の室長に、「こんなこと考えているんですが……」と話してみました。すると幸運にも、直属上司でない企画室長が「そんなに一生懸命やっているんだったら」と、社長の耳に入れてくれました。

そして、社長のはからいにより役員会で説明することになり、役員会では「面白そうじゃないか、一つやってみろ」というトップのひと言で、反対していた役員からも「社長がそういうならば」と同意を引き出すことができたのです。

わたしはその後、誌面刷新した『新刊ニュース』の編集を通して知り合ったマスコミ関係者とテレビ番組制作の独立プロダクションを設立するため、ヨーカ堂にスポンサーになってもらおうと考えたのがきっかけで、転職することになります。もし、誌面改革案を反対されて、あきらめていたら、いまのわたしはなかったわけです。

セブン-イレブンに情報システムを構築したときも一つの幸運にめぐりあっています。創業四年目に入り、店舗数が三百店を超えるようになると電話による発注ではとても対応しきれなくなり、チェーン店の発注の情報システム化という世界初の試みに挑戦することになりました。

大手メーカーから次々断られるなかで唯一、応諾してくれたのが日本電気でした。しかし、交渉は難航しました。わたしたちはチェーンがどんどん拡大しても、コスト的に成り立つシステムをつくっておきたいと考え、業界の常識を超えた低コストを求め、安易に妥協をするつもりはありませんでした。なにしろ、他社の参考機種の半分のコスト、開発期間は日本電気側から提示された「二年」の四分の一の半年、台数は五百台の一気投入で、相手側からすれば、「非情なまでの低コスト」「常識的には不可能な納期」「とんでもない台数」です。

何度も暗礁に乗り上げそうになりながら、最後は会長の小林宏治さんに、「現場の人たちのニーズに応えずにいいシステムは開発できない。コストは長い目で見ればいい。セブン-イレブンと組みなさい」との判断を示していただいたことで、将来に賭ける構えで取り組んでもらえました。以降、現在の第6次総合情報システムに至るまで、その都度、世界でも類例を見ない最先端で最大規模のシステムを構築してきました。

小林さんは、一九七〇年代後半に早くも「コンピュータと通信の融合」をうたい、日本電気を情報・通信系の一大エレクトロニクス企業へと成長させた日本のコンピュータ産業史にその名を残す名経営者です。その英断を得ることができたことは、本当に幸運でした。日本電気では、わたしたちが求めた条件を実現するため、現場では毎日、「セブン（朝七時）～イレブン（夜十一時）」で取り組んでくれました。「天下一条件の厳しいセブン-イレブンに対応できれば、どことでも対応できる」と、前向きに発想してもらえたようです。

情報システムはコンビニエンスストアにとって情報の動脈です。もし、最初の交渉の際、妥結することが目的化し、妥協の線を探ろうとしていたら、その幸運は到来しなかったでしょう。その後の情報化の進展も違ったものになったかもしれません。自分がやるべき価値があると信じたことを実現させたいと可能性に挑戦したことが、幸運につながったのです。

そごうと西武百貨店を傘下に置いていたミレニアムリテイリング（当時）との経営統合においても、運命的なものを感じました。きっかけはわたしたちのグループの持ち株会社化です。わたしが発案したのは二〇〇五年の初めです。普通は準備に一～二年かかります。「最速でも九月に臨時株主総会を開くスケジュールで精一杯」というスタッフに、わたしはさらに早めて五月の定例総会に間に合わせるように厳命しました。スタッフたちもこれに応え、九月には持ち株会社化へ移行します。常識をはるかに超えたスケジュールでした。

ちょうどこのころ、ミレニアムリテイリングの和田繁明社長（当時）は安定株主を探していました。和田さんは西武百貨店の再建のため、子会社社長から古巣へ戻り、続いて、破綻したそごうを社員と一丸になって再建していました。わたしは社内研修会で講演を頼まれて以来、ゴルフをごいっしょしたりして、親しくおつき合いをさせていただいていました。

その和田さんが、わたしたちの持ち株会社化に関心をもっているという話が伝わってきました。当時、ミレニアムリテイリングは証券系の投資会社が株式を保有していて、上場も計画していました。ただ、和田さんとしては、できれば同じ日本の流通業界のなかで安定株主を求めていたようです。流通業の経営について、和田さんとわたしは多くの面で考え方が共通しています。統合の話は自然とまとまりました。

もし、常識どおりのペースで持ち株会社化の準備を進めていたら、セブン&アイ・ホールディングスの設立はもっと遅れ、すべてのタイミングがずれて、ミレニアムリテイリングとの経営統合は実現しなかったかもしれません。絶妙なタイミングで、本当に幸運でした。

既存の常識や過去の経験にとらわれない行動が、普通だったらなかなか出あえない幸運に結びつく。多くの人が妥協するところを妥協せずにきわめようとする行動が、そう簡単には手の届かない運を引きつける。自分のビジネス人生を振り返ってみると、その連続だったようにも思います。

ビジネスは、能力や努力だけでなく、運にも左右されます。その運は偶然の部分がかなりあります。しかし、過去の経験や既存の常識を超えた挑戦や努力をすることで、普通に行動していたらめぐりあえないような幸運も引き寄せることができるのです。

世のなかを見渡すと、大きな成功をなし遂げた人たちはたいてい、「運がよかった」といいます。それは単に幸運に恵まれたというよりは、幸運を呼び寄せるような挑戦や努力を行っていたのではないでしょうか。

対照的に、自分では努力したつもりでも仕事がうまくいかない人は、よく、「俺はついていない」などとグチをいいます。しかし、それは単に運に恵まれないのではなく、何かに縛られていたり、安易に妥協したりして、幸運と出あいにくい仕事のやり方をしているのではないでしょうか。

「売る力」は挑戦と努力で高まる

需要が供給を上回り、モノ不足で売り手市場だった時代は、商品を店頭に置いておけば、黙っていても売れました。いわば、売れることが必然でした。しかし、供給が需要を上回り、モノあまりで買い手市場のいまの時代には、売れることは必然ではなく、数多くいる売り手のなかから選ばれる際には偶然的な要素もかかわっているかもしれません。

その偶然を必然化するのは、一歩踏み込んだ挑戦と努力です。既存の予定調和を壊し、「上質さ」と「手軽さ」を合わせ持った新しいものを生み出すのも、店頭で思いきりフェイスを広くとって並べアピールするのも、お客様に声かけをするのも、一歩踏み込んだ挑戦と努力です。

一歩踏み込んで挑戦すれば、リスクも高くなりますが、努力を重ねれば、幸運と出あう確率も高くなります。幸運は挑戦して努力するものにのみ訪れるのです。

本書は「売る力」をテーマに、わたしの考えや体験したこと、わたしがお会いした方々の考えや体験されたことを紹介しながら、いろいろな角度からそのポイントを指摘させていただきました。

大学の経営学の科目を見ると、会計学、マーケティング、経営戦略、ファイナンス、経営組織論などの科目はあっても、「営業」とか「販売」といった科目は見た覚えがありません。わたしは二〇〇四年に、アメリカのハーバード・ビジネス・スクールとイギリスのケンブリッジ大学に招かれ、MBA（経営学修士）受講生を相手に講義を行う機会がありましたが、世界的に有名なビジネススクールでも「営業」の授業はほとんどないようです。

それは、「売る力」を説くのが難しいからではなく、常に「お客様の立場で」考え、「当たり前」のことを当たり前に実行するという実にシンプルな原理に行き着くからではないでしょうか。

前にも述べたように、わたしは長いビジネス人生で、小売業にいながら、販売もレジ打ちの経験もしたことがありません。それでも、小売業を経営できるのは、販売の経験はなくても、「お客様の立場で」考えることはできるからです。そして、もう一つ、毎日が瀬戸際だと思い、真剣勝負で仕事をしようとするからでしょう。

もし、わたしが現在の職を失い、転職の市場に放りこまれたら、はたしてわたしを雇う企業はあるかといえば、ないでしょう。なんの技術も資格もないし、売り場で数字を稼ぐセンスもない。経営のノウハウをいくらか実践しているとはいえ、それも限られた業態のなかでのことです。逆にわたしが人事担当でも、社長経験者は雇いません。

だから、わたしも毎日が真剣勝負で、「昨日の経験は引きずるものか」と自分を厳しくいましめ、常に一歩踏み込んで挑戦し努力しようとするのです。

「売る力」を高めていきたいという思いは、小売業の経営者であるわたしも、読者のみなさんも同じです。そして、やるべきことはわたしも、みなさんも同じです。

仕事の現場にいる人たちは、けっしてサボったり遊んだりしているわけではないでしょう。人それぞれに一生懸命で必死にやっていることでしょう。それでもうまくいかないというときは、いますぐに自分の目の前にある状況を洗いだし、考え方を一度すべて白紙に戻し、原点に立ち返って考えることです。

そして、すべてを「お客様の立場で」考え、毎日真剣勝負で、一歩踏み込んで挑戦し努力を重ねることです。

自分にいいわけをするくらいなら、懸命にやったほうがいい。失敗したらそれはやむを得ないと覚悟はしながらも、恐れることなくやれるだけのことはやったほうがいい。自分の能力いっぱいの力をつくす。もし転んだら反省してまた挑戦すればいいのです。

真剣勝負で本気の人には必ず、チャンスがめぐってきます。

■参考資料■

『セブン&アイ・ホールディングス　四季報』セブン&アイ・ホールディングス
（VOL. 87・97・98・100・103・105・109・110・111・112・114・115・118・120）
『挑戦　我がロマン』鈴木敏文著　日本経済新聞出版社　2008年
『朝令暮改の発想』鈴木敏文著　新潮文庫　2011年
『鈴木敏文の実践！行動経済学』鈴木敏文著　朝日新聞出版　2012年
『トレードオフ　上質をとるか、手軽をとるか』ケビン・メイニー著　プレジデント社　2010年
『経済は感情で動く　はじめての行動経済学』マッテオ・モッテルリーニ著　紀伊國屋書店　2008年

鈴木敏文（すずき　としふみ）

1932年、長野県生まれ。中央大学経済学部卒業後、書籍取次大手のトーハンに入社。その後、イトーヨーカ堂へ移る。1973年11月、セブン-イレブン・ジャパンを設立し、コンビニエンスストアという業態を全国に広め小売業界を変革した。2003年、勲一等瑞宝章を受章。同年11月、中央大学名誉博士学位授与。経団連副会長、中央大学理事長等を歴任。現在、セブン＆アイ・ホールディングス会長兼CEO。著書に『なぜ売れないのか　なぜ売れるのか』『なぜ買わないのか　なぜ買うのか』『挑戦　我がロマン　私の履歴書』『朝令暮改の発想　仕事の壁を突破する95の直言』『変わる力　セブン-イレブン的思考法』ほか。

文春新書

939

売《う》る力《ちから》——心《こころ》をつかむ仕事術《しごとじゅつ》

2013年（平成25年）10月20日　第1刷発行
2013年（平成25年）11月10日　第2刷発行

著　者　　鈴木敏文
発行者　　飯窪成幸
発行所　株式会社　文藝春秋

102-8008　東京都千代田区紀尾井町3-23
(03) 3265-1211（代表）

理想社
大日本印刷
大口製本

…9-0

◆政治の世界

◆経済と企業

マネー敗戦　吉川元忠
新・マネー敗戦　岩本沙弓
強欲資本主義　ウォール街の自爆　神谷秀樹
ゴールドマン・サックス研究　世界経済崩壊の真相　神谷秀樹
黒字亡国　対米黒字が日本経済を殺す　三國陽夫
石油の支配者　浜田和幸
金融工学、こんなに面白い　野口悠紀雄
定年後の8万時間に挑む　加藤　仁
人生後半戦のポートフォリオ　水木　楊
霞が関埋蔵金男が明かす「お国の経済」　髙橋洋一
臆病者のための株入門　橘　玲
臆病者のための裁判入門　橘　玲
企業危機管理　実戦論　田中辰巳
企業コンプライアンス　後藤啓二
ハイブリッド　木野龍逸
日本企業モラルハザード史　有森　隆

熱湯経営　樋口武男
先の先を読め　樋口武男
オンリーワンは創意である　町田勝彦
明日のリーダーのために　葛西敬之
インド　IT革命の驚異　榊原英資
東電帝国　その失敗の本質　志村嘉一郎
サイバー・テロ　日米vs.中国　土屋大洋

＊

エコノミストは信用できるか　東谷　暁
エコノミストを格付けする　東谷　暁
生命保険のカラクリ　岩瀬大輔
日本経済の勝ち方　太陽エネルギー革命　村沢義久
資産フライト　山田　順
団塊格差　三浦　展
ポスト消費社会のゆくえ　辻井　喬・上野千鶴子
いつでもクビ切り社会　森戸英幸
自分をデフレ化しない方法　勝間和代
JAL崩壊　日本航空・グループ2010

ユニクロ型デフレと国家破産　浜　矩子
もし顔を見るのも嫌な人間が上司になったら　江上　剛
就活って何だ　森　健
ぼくらの就活戦記　難関企業内定者40人の証言　森　健
出版大崩壊　電子書籍の罠　山田　順
さよなら！僕らのソニー　立石泰則
修羅場の経営責任　国広　正
日本人はなぜ株で損するのか？　藤原敬之
日本国はいくら借金できるのか？　川北隆雄
ビジネスパーソンのための契約の教科書　福井健策
ビジネスパーソンのための企業法務の教科書　西村あさひ法律事務所編

（2012. 11）C

◆考えるヒント

常識「日本の論点」 『日本の論点』編集部編
10年後の日本 『日本の論点』編集部編
10年後のあなた 『日本の論点』編集部編
27人のすごい議論 『日本の論点』編集部編
論争 格差社会 文春新書編集部編
大丈夫な日本 福田和也
孤独について 中島義道
性的唯幻論序説 岸田 秀
唯幻論物語 岸田 秀
なにもかも小林秀雄に教わった 木田 元
民主主義とは何なのか 長谷川三千子
寝ながら学べる構造主義 内田 樹
私家版・ユダヤ文化論 内田 樹
うほほいシネクラブ 街場の映画論 内田 樹
完本 紳士と淑女 徳岡孝夫
信じない人のための〈法華経〉講座 中村圭志

お坊さんだって悩んでる 玄侑宗久
静思のすすめ 大谷徹奘
平成娘巡礼記 月岡祐紀子
生き方の美学 中野孝次
なぜ日本人は賽銭を投げるのか 新谷尚紀
京都人は日本一薄情か 落第小僧の京都案内 倉部きよたか
小論文の書き方 猪瀬直樹
勝つための論文の書き方 鹿島 茂
面接力 梅森浩一
退屈力 齋藤 孝
坐《すわ》る力 齋藤 孝
断る力 勝間和代
愚の力 大谷光真
誰か「戦前」を知らないか 山本夏彦
百年分を一時間で 山本夏彦
男女の仲 山本夏彦
「秘めごと」礼賛 坂崎重盛
わが人生の案内人 澤地久枝

論争 若者論 文春新書編集部編
成功術 時間の戦略 鎌田浩毅
東大教師が新入生にすすめる本 文藝春秋編
東大教師が新入生にすすめる本2 文藝春秋編
世界がわかる理系の名著 鎌田浩毅
人気講師が教える理系脳のつくり方 村上綾一
ぼくらの頭脳の鍛え方 立花 隆・佐藤 優
人間の叡智 佐藤 優
世間も他人も気にしない ひろ さちや
風水講義 三浦國雄
「日本人力」クイズ 現代言語セミナー 清野 徹
丸山眞男 人生の対話 中野 雄
ガンダムと日本人 多根清史
日本版白熱教室 サンデルにならって正義を考えよう 小林正弥
聞く力 阿川佐和子
選ぶ力 五木寛之
〈東大・京大式〉頭がよくなるパズル 東田大志&東大・京大パズル研究会

◆こころと健康・医学

こころと体の対話　神庭重信
人と接するのがつらい　根本橘夫
傷つくのがこわい　根本橘夫
「いい人に見られたい」症候群　根本橘夫
依存症　信田さよ子
不幸になりたがる人たち　春日武彦
親の「ぼけ」に気づいたら　斎藤正彦
100歳までボケない101の方法　白澤卓二
100歳までボケない101の方法 実践編　白澤卓二
愛と癒しのコミュニオン　鈴木秀子
心の対話者　鈴木秀子
うつは薬では治らない　上野　玲
スピリチュアル・ライフのすすめ　樫尾直樹
＊
食べ物とがん予防　坪野吉孝
わたし、ガンです ある精神科医の耐病記　頼藤和寛
あなたのためのがん用語事典　国立がんセンター監修 日本医学ジャーナリスト協会編著
がんというミステリー　宮田親平
僕は、慢性末期がん　尾関良二
がん再発を防ぐ「完全食」　済陽高穂
熟年性革命報告　小林照幸
熟年恋愛講座 高齢社会の性を考える　小林照幸
熟年恋愛革命 恋こそ最高の健康法　小林照幸
アンチエイジングSEX その傾向と対策　小林照幸
こわい病気のやさしい話　山田春木
風邪から癌まで つらい病気のやさしい話　山田春木
花粉症は環境問題である　奥野修司
めまいの正体　神崎　仁
膠原病・リウマチは治る　竹内　勤
妊娠力をつける　放生　勲
脳内汚染からの脱出　岡田尊司
ダイエットの女王　伊達友美
神様は、いじわる　さかもと未明
医療鎖国 なぜ日本ではがん新薬が使えないのか　中田敏博
名医が答える「55歳からの健康力」　東嶋和子
〈達者な死に方〉練習帖 賢人たちの養生法に学ぶ　帯津良一
民間療法のウソとホント　蒲谷　茂
がん放置療法のすすめ　近藤　誠
痛みゼロのがん治療　向山雄人
最新型ウイルスでがんを滅ぼす　藤堂具紀
ごきげんな人は10年長生きできる　坪田一男
50℃洗い 人も野菜も若返る　平山一政

(2012. 11) D

◆スポーツの世界

プロ野球のサムライたち　小関順二
イチロー・インタヴューズ　石田雄太
野球へのラブレター　長嶋茂雄
宇津木魂　宇津木妙子
オートバイ・ライフ　斎藤　純
力士《ちからびと》の世界　33代 木村庄之助
親方はつらいよ　高砂浦五郎
不屈の「心体」　大畑大介
「強さ」とは何か。少林寺拳法創始者・宗道臣70の言葉　宗由貴・監修 鈴木義孝・構成
ワールドカップは誰のものか　後藤健生
本田にパスの36%を集中せよ ザックJAPAN vs.岡田ジャパンのデータ解析　森本美行
山で失敗しない10の鉄則　岩崎元郎
駅伝流　渡辺康幸
プロ野球「衝撃の昭和史」　二宮清純

◆教える・育てる

幼児教育と脳　澤口俊之
現代人のための脳鍛錬　川島隆太
大人に役立つ算数　小宮山博仁
予備校が教育を救う　丹羽健夫
不登校の解法　団　士郎
教育をぶっとばせ　岩本茂樹
子どもが壊れる家　草薙厚子
こんな子どもが親を殺す　片田珠美
少年たちはなぜ人を殺すのか　C・A・デイヴィス 浜野アキオ訳
父親のすすめ　日垣　隆
食育のススメ　黒岩比佐子
明治人の作法　横山験也
こんな言葉で叱られたい　清武英利
著名人名づけ事典　矢島裕紀彦
金の社員・銀の社員・銅の社員　秋元征紘・田所邦雄&ジャイロ経営塾

（2012. 11）G

◆サイエンス

ロボットが日本を救う　岸　宣仁
インフルエンザ21世紀　瀬名秀明 鈴木康夫監修
原発安全革命　古川和男

＊

ネアンデルタールと現代人　河合信和
人類進化99の謎　河合信和
もう牛を食べても安心か　福岡伸一
巨匠の傑作パズルベスト100　伴田良輔
「大発見」の思考法 iPS細胞vs.素粒子　山中伸弥 益川敏英
同性愛の謎　竹内久美子
巨大地震 権威16人の警告　『日本の論点』編集部編

◆ネットと情報

パソコン徹底指南　林　望
グーグル Google　佐々木俊尚
ネットvs.リアルの衝突　佐々木俊尚
ネット未来地図　佐々木俊尚
ブログ論壇の誕生　佐々木俊尚
2011年 新聞・テレビ消滅　佐々木俊尚
決闘ネット「光の道」革命　孫 正義 佐々木俊尚
「社会調査」のウソ　谷岡一郎
ネットの炎上力　蜷川真夫
フェイスブックが危ない　守屋英一

◆アートの世界

(2012. 11) F